诚惶诚恐

以给读者

小路哥

千古风流人物

听小璐歌讲历史名人

小璐歌 著

陕西师范大学出版总社 西安

图书代号　SK24N1804

图书在版编目（CIP）数据

千古风流人物 : 听小璐歌讲历史名人 / 小璐歌著.
西安 : 陕西师范大学出版总社有限公司, 2025. 5.
ISBN 978-7-5695-4890-7

Ⅰ. K820

中国国家版本馆CIP数据核字第20243CG047号

千古风流人物——听小璐歌讲历史名人

QIANGU FENGLIU RENWU —— TING XIAOLUGE JIANG LISHI MINGREN

小璐歌　著

出 版 人　刘东风
责任编辑　庄婧卿
责任校对　雷亚妮
封面设计　允在文化
出版发行　陕西师范大学出版总社
　　　　　（西安市长安南路199号　邮编710062）
网　　址　http://www.snupg.com
印　　刷　陕西龙山海天艺术印务有限公司
开　　本　720 mm × 1020 mm　1/16
印　　张　15.25
插　　页　2
字　　数　209千
版　　次　2025年5月第1版
印　　次　2025年5月第1次印刷
书　　号　ISBN　978-7-5695-4890-7
定　　价　66.00元

读者购书、书店添货或发现印装质量问题，请与本公司营销部联系、调换。
电话：（029）85307864　85303629　传真：（029）85303879

目录

贤哲篇

才子篇

英杰篇

奇才篇

巾帼篇

贤哲篇

伊　尹

从奴隶到一代贤相

受《封神演义》的影响，很多人以为姜子牙是中国历史上的第一位贤相。其实并不是，中国历史上最早的贤相可以追溯到夏商时期辅佐商汤建国的开国元勋——伊尹。有趣的是，伊尹最初的身份是个厨子。

人们总说“英雄不问出处”，伊尹就是典型的代表。他的出身非常低，低到什么程度呢？连个寒门都算不上，是当时社会最底层的奴隶。要知道夏商时期的奴隶制度是非常残酷的，那个时代的奴隶，真的是命如草芥。当时的建筑在刚刚修好的时候，有个叫“落成”的仪式，就是要挖一些坑，然后把一些车、动物、奴隶埋进去以示庆祝。大概的比例是，几驾车，十几只马、羊、狗等，而奴隶却要上百人。可见当时，奴隶的命还不如羊、狗。

然而，就是在那样一个残酷的社会里，伊尹从一个负责烧火做饭的奴隶开始，一路逆袭，做了商汤的股肱之臣，后来更是辅佐商汤灭了夏桀，创建了商朝，成为中国历史上的第一位贤相。

伊尹出生于夏朝末年，那个时候流传下来的信息很多都有些神话色彩。传说伊尹的母亲是居住在伊水（今河南省栾川县）上游的一个采桑养蚕的女奴，还怀着伊尹的时候，有一天梦见神人告诉她：“臼出水而东走，毋顾。”第二天，果然臼内水如泉涌，于是她连忙就向东走。梦中神人指示“毋顾”，就是别回头看，可她好奇啊，忍不住回头一看，只见原来住的地方已经成了一片汪洋。由于她违背了神人的告诫，于是神人惩罚她，把她变作了一株空桑，就是空心的桑树。当时附近有个部落叫有莘氏，其中有个采桑女就来到这株空桑采摘桑叶，结果发现树洞中有个婴儿，于是就把婴儿带回部落，献给了有莘王，这个婴儿就是伊尹。当然，这只是一个神话传说，不过也反映了伊尹是在伊水一带出生的，本名伊挚，而“尹”是他后来的官名，后来人们尊称他为伊尹。

话说小婴儿伊尹被献给了有莘王，有莘王就让家里的奴隶厨师来抚养他，伊尹就在有莘国生活了下来。虽说是个奴隶，但伊尹打小就聪明好学，那时候没有书，知识都靠口耳相传，别人是左耳朵进右耳朵出，偏偏伊尹把听到的所有知识都塞进了脑瓜子里，关键还能融会贯通，脑瓜子还一点儿都不嗡嗡。

人一旦有了知识，就会有想法。伊尹当时特别向往尧舜之道，他觉得夏桀暴虐，于是就立下了要推翻夏朝的志向。但身为一个奴隶，想要推翻一个政权，这无异于痴人说梦。这一点伊尹自己也很清楚，所以他就想办法去接近有莘王，想劝说有莘王先定个攻打夏桀的“小目标”。

接近有莘王对伊尹来说并不是难事，因为他的养父是个厨子，而且厨艺高超。伊尹从小耳濡目染，厨艺更是青出于蓝而胜于蓝，保不齐一碗“黯然销魂”饭，就会让有莘王吃得泪流满面。所以伊尹就想凭借高超的厨艺去接近有莘王，结果还真得到了有莘王的赏识，成了御厨。

要说伊尹这个人还真是了不得，他做事儿肯动脑子，就一个烧火做饭的事儿，愣是被他琢磨出了“五味调和说”和“火候论”，相当于编写了当时中国烹饪的规范标准。有莘王一看这个厨子可以啊，不光会做饭，还有文化，于是就把伊尹叫过来喝茶聊天儿。这一聊，有莘王越发觉得伊尹是个人才，因为伊尹不光会做饭，对天下大事、治国理政也颇有见地。于是有莘王就给伊尹升了职，不让他干普通厨子了，让他总管后厨，相当于厨师长。

可能有莘王觉得给伊尹提职加薪了，让他干得少了划不来，所以又给伊尹派了个活儿，就是在做饭之余，再给有莘国的贵族子弟讲课。于是，中国历史上第一个系着围裙的“厨子老师”就隆重登场了。

按理说，到了这个时候，伊尹想接近有莘王的目标已经实现了，但他却突然高兴不起来了，因为他发现自己这个计划从根儿上就错了。为啥呢？因为这个有莘王和夏桀本来就是亲戚，而且有莘国兵少国弱，假如真的起兵去攻打夏桀，那无异于以卵击石。那咋办呢？

就在伊尹颓丧之时，他遇到了自己一生的伯乐。原来，有莘国的邻邦是商国，国君商汤正在大力招揽人才，当时他听说了伊尹的大名，得知他虽然是个厨子，但熟谙历代贤君的治国理政之道。于是，求贤若渴的商汤就多次派人带着厚礼去有莘国聘请伊尹，想让他来商国辅佐自己。

有莘王哪肯轻易放人呢！好不容易找了伊尹这么个厨子，还能免费给贵族子弟教书，这样的便宜哪儿找呢？所以直接就把商汤给拒绝了。但商汤毕竟是做大事儿的人，他想要的人必须要得到。当时他想了个主意，既然直接聘请伊尹不成，那就用厚礼来求娶有莘王的女儿，附带条件是让伊尹作为陪嫁奴隶一块来商国。

就这样，伊尹以陪嫁奴隶的身份来到了商国。当然，商汤并没有把伊尹当作奴隶看待，而是虚心向伊尹请教。于是伊尹就从做饭怎么放调味料开始讲，讲到天下大事、为政之道，再讲到夏桀暴虐，百姓身在水火之中。这一通侃，侃着侃着，就把商汤给“侃晕”了。

商汤听完伊尹的一番话，对伊尹佩服得不得了，当下就免除了他的奴隶身份，让他全力辅佐自己，做自己的老师。

《孟子》里说：“故汤之于伊尹，学焉而后臣之，故不劳而王。”就是说，在商汤的心里，伊尹首先是他的老师，然后才是他的臣子。能有这样的胸怀，商汤怎能不成就一番大业？

俗话说“百无一用是书生”，就是形容那些只会说、不善于处理实际事务的读书人。但伊尹牛就牛在不光说起各种问题来头头是道，做起事儿来更是雷厉风行，而且善于应变、能屈能伸，尤其一招离间计，被他使得出神入化。

相传，早先夏桀攻打岷山氏部落的时候，岷山氏部落为了自保，献上了两位绝世美女。夏桀高兴得合不拢嘴，天天在宫里蒙着眼睛追美女。新人笑了，旧人就得哭。谁啊？就是夏桀昔日的宠妃妺（mò）喜，当时受到冷落的妺喜，被夏桀安置在洛水一带，成了失宠的怨妇。这消息被伊尹知道了，他觉得有机可乘，于是跑到洛水去求见妺喜，还亲自下厨做了一桌大餐，又对妺喜晓之以理，动之以情，结果，妺喜就把夏桀以及夏朝的很多情报都告诉了伊尹。

但要推翻夏桀，光靠离间妺喜得到的那点情报远远不够，得让夏桀众叛亲离，成为孤家寡人才行。那时候，东方的九夷部族也在夏桀的麾下，为了测试九夷部族对夏桀的忠心程度，伊尹劝商汤停止给夏桀进贡。而夏桀一看商汤连“保护费”都不交，这是欠收拾了，就传令九夷部族去收拾商汤。接到夏桀的命令，九夷部族立马就来讨伐商汤。伊尹一看九夷部族对夏桀唯命是从，于是赶紧又叫商汤把“保护费”给补上，顺便还给夏桀写了一份深刻的“检查”。

但伊尹不会轻易放弃，随后他建议商汤多与九夷部族的首领们联络感情，私下里结成盟友，慢慢等待时机。在夏桀的暴虐统治下，天下的百姓苦不堪言，怨声载道。而夏桀种种失德无道的行为，使得九夷部族也慢慢对夏桀生出了怨言。这个时候，伊尹觉得时机成熟了，他再次让商汤停止了对夏桀的进贡。

于是夏桀暴怒，他立刻下令攻打商汤，并传令九夷部族一起收拾商汤。可这回九夷部族不听夏桀的命令了，他们都静悄悄地坐在家里看热闹，没有一兵一卒帮夏桀冲锋陷阵。见夏桀陷入被诸侯孤立的状态，伊尹协助商汤果断讨伐夏桀。当时，商汤于鸣条之野，在与夏桀会战之前说了一番豪言壮语，就是有名的讨伐檄文《汤誓》，其中有句话说：“有众率怠弗协，曰：时日曷丧？予及汝皆亡。夏德若兹，今朕必往。”意思是说：夏国的百姓对夏桀都怠慢不恭、不顺服。他们说，这个太阳（指夏桀）什么时候能消亡？我们宁愿与你一起灭亡。夏王的德行已经败坏到了这种地步，现在我一定要去讨伐他。

于是，商汤的军队士气高涨，势如破竹。在伊尹的辅佐下，商汤轻而易举就灭了夏国，随后商朝建立。

商汤死后，伊尹又辅佐了商朝四位商王，传说他一直活到了一百零二岁。

伊尹这个人说起来真是一个长命百岁的旷世奇才。他做起饭来是厨师之祖，祭祀的时候是巫师，据说他还懂医学，是中药汤剂的创始人。后人都称他是贤相、良师，认为其在道德上和孔子齐名。河南嵩县伊尹祠的正殿有副对联："志耕莘野三春雨，乐读尼山一卷书。""志耕莘野"讲的是伊尹成长于有莘国，"乐读尼山"则说的是生于尼山的孔子。伊尹被后世尊为"元圣"，而孔子则被尊为"至圣"。

伊尹作为中国历史上的第一位贤相，他的贤能和才德成为后世人臣的楷模和榜样。北宋王安石在变法的时候，面临很大的阻力，压力大得吃也吃不好，睡也睡不香。那时候王安石的精神支柱就是伊尹和吕尚。为了纪念他们，同时为了表明自己要效仿前贤、力求变法的决心，王安石写了一首词《浪淘沙令》：

伊吕两衰翁，历遍穷通，一为钓叟一耕佣。若使当时身不遇，老了英雄。

汤武偶相逢，风虎云龙，兴王只在笑谈中。直至如今千载后，谁与争功。

人物小传

伊尹（？—前1550），名挚，尹为官名，夏末商初时期人物。商朝开国元勋、政治家、军事家、思想家。历商汤、外丙、中壬、太甲、沃丁五位商王。

伊尹在有莘国长大成人，后来作为陪嫁奴隶来到商国，商汤任用伊尹为师，后授以国政。商朝的第三位国君中壬崩逝后，伊尹立太甲为帝。太甲即位三年，由于为政昏乱暴虐，被伊尹放逐于桐宫，伊尹摄政。三年后太甲悔悟，伊尹又还政于太甲。沃丁八年（前1550），伊尹病逝，沃丁以天子之礼将伊尹安葬于商都亳附近，以表彰他对商朝做出的伟大贡献。

伊尹制定典章制度，规范使用甲骨文。世传《伊尹》五十一篇，《伊说》二十七篇，已经失传。其所作《汝鸠》《伊训》被收入《尚书》。

孔　子

乱世中的理想主义者

春秋战国是中国历史上第一个大分裂时期，动荡纷乱的年代，旧的思想观念和文化基础逐渐崩塌，社会经济和人民生活遭到严重破坏，这就引发一些有识之士对内心世界与外部世界的深度思考，以求寻找一个能够修补世道甚至解脱痛苦的理想路径。于是在春秋战国那个动荡纷乱的时期，各种思想和学说纷纷出现，形成了中国历史上百花齐放、百家争鸣的文化盛况，比如儒家这个影响后世两千多年的思想学派就诞生于此时。

儒家的创立者名叫孔丘，春秋末期鲁国人，世人尊称他为孔子。孔子的儒家学说在后世成为官学，影响了中国社会两千多年，然而在他活着的时候，他和他的学说其实一直都不被世人重视。孔子的一生，也充斥着无数的失败和无奈，在十几年周游列国、推广儒学的过程中，他屡屡碰壁，经常惶惶若丧家之犬。然而，就是在这样艰难的境况下，他依旧秉持自己的理想，“明知不可为而为之”，传道授业，将儒家的学说传布于天下。

《史记》记载，孔子的先祖是殷商时期的王室后裔。商朝被周朝灭了以后，为了安抚殷商王族的后裔及贵族，周公就把这些人封在了宋地。孔子的先祖就是宋国的贵族。后来宋国发生了战乱，孔子的父亲叔梁纥来到鲁国的陬邑（今山东省曲阜市）避难，并在那里担任一方的长官。

史载叔梁纥的正妻一连为他生了九个女儿，小妾为他生了个儿子，但这个儿子腿部有残疾。于是，年过花甲的叔梁纥就娶了颜氏的小女儿颜徵为妾，但因颜徵当时不满二十岁，两人的年龄太过悬殊，他们的婚姻在当时被认为不合礼法，于是二人偷偷在尼山（今山东省曲阜市尼山镇）居住，并在尼山生下了孔子，父亲为他取名丘，字仲尼。

史书记载，孔子的父亲叔梁纥年轻时是鲁国有名的勇士，曾经在战斗中仅凭双手就托起了一座城门，后来孔子就遗传了父亲叔梁纥身体强健的良好基因。但不幸的是，孔子三岁的时候，父亲叔梁纥就去世了，随后他和母亲就被赶出了家门。母亲颜氏没办法，带着孔子回到了老家曲阜，她亲自教导孔子学习诗书。到十八岁的时候，孔子和他的父亲叔梁纥年轻时一样，身高近两米，能拉车、能射箭，六艺精通，而且酒量非凡。

当时，孔子四处拜师学艺，从贵族礼仪、人生道理到音乐艺术，乃至驾车射箭，一样都不落下。十九岁那年，为了能经常回到祖籍宋国祭拜祖先，孔子迎娶了宋国人丌官氏的女儿为妻。公元前532年，孔子的儿子出生了，当时鲁昭公赐给他一条鲤鱼，于是孔子便给儿子取名为鲤，字伯鱼。

此时，已经身为人父的孔子一心想走仕途，因此时常关心天下时事，并且思考和探索治国之道。然而，现实是残酷的，孔子最初不过是鲁国负责管理仓库的芝麻小官。不久，孔子又被调为乘田，管理畜牧。又过了六年，到公元前525年的时候，孔子开始开办私人学校，传道授业，也时常发表一些对国家大事的见解。

三十岁左右的时候，孔子渐渐有些名气了。齐景公与宰相晏婴访问鲁国之际，还特意召见了孔子，与他讨论历史与政治问题。此后，孔子一度离开曲阜，长途跋涉到了洛阳，他拜老子为老师，既学习哲学知识，又学习处世之道。

公元前517年，鲁国内乱，鲁昭公不得已逃到了齐国。孔子也随之去了齐国，并受到齐景公的赏识和厚待。然而，在齐国仅仅过了三年的太平日子，又因遭到齐国一些大夫的嫉恨和谋害，孔子不得不向齐景公禀报，希求得到保护。可惜齐景公年老多病，已经无法庇护孔子。于是，孔子只好仓皇地逃离齐国，回到鲁国。

公元前512年，孔子已经年满四十。经过多年的生活磨炼，他对社会和人生有了深刻的认识，声称自己已经没有什么疑惑之事了，这就是“四十不惑”的由来。这个时候，正是周王朝“礼崩乐坏”的深化期，诸侯们为了自己的利益相互攻伐，社会秩序开始走向混乱和崩塌。世道已经变了，各国纷争不断，导致四方百姓流离失所、困苦不堪。在这样的时代背景下，孔子想要还天下一个太平，恢复社会的旧有秩序，然而大争之世，又有哪个国君会听从孔子的理念呢？

到了孔子五十岁的时候，恰逢鲁国内乱，孔子被拉出来当官。这个当初求也求不到的机会，现在终于摆在面前了，但此时孔子的内心却有点动摇。讲学十几年，他对仕途早就已经没有追求了，但是他的治国理念仍然没有实现。他心中那个老人安度晚年、朋友互相信任、少年互相关怀的世界还没有被缔造出来，他不甘心就这样老去，于是孔子还是答应出仕为官。

孔子做了官后，鲁国迅速安定，百姓安居乐业，各守礼法，社会秩序非常好，史书上称“路不拾遗，夜不闭户”。因此，他的官职也不断晋升，最后竟然官至大司寇，这成为他一生政治生涯的辉煌时刻。然而，有时候站得越高，跌下来的时候就越疼。随着时间的推移，孔子和鲁国的上层出现了矛盾，到了公元前497年，五十五岁的孔子被鲁国的当权者逼迫，不得已，他带着弟子们离开了鲁国，可接下来又能去哪儿呢？

大争之世，孔子带着弟子们在天下走了一圈又一圈，没有一个国君愿意给孔子施展拳脚的机会。当孔子坐在树下休息时，看他不爽的人过来把整片树林都砍了。当孔子向卫灵公讲述治国之道时，卫灵公抬头望向天空的大雁，摆明了不想搭理他，言外之意是：你该离开了。

有一年，孔子驾车来到河岸边，但找不到渡口。于是他的弟子子路就向两个正在耕地的老人询问渡口的位置。其中一个老人名叫长沮，他嘲讽地说："你们老师周游列国，为天下指路，怎么会不知道渡口在哪里？"说完，继续耕地，不理子路。

于是子路只好去问另一个名叫桀溺的老者，桀溺也嘲讽道："如今天下大乱，就像洪水泛滥，哪里还能找到渡口？"说完，也继续干他的农活了。

子路回来如实告诉了孔子，听了子路的叙述，孔子不禁百感交集，他说："如果天下太平，我孔丘又何必周游列国，东奔西走，去寻求救世的良方呢？"这就是典故"子路问津"和成语"指点迷津"的由来，由此可见，当时的孔子是多么艰难和不被世人理解啊！

周游列国的途中，有一天，孔子与弟子们在郑国走散了，他一个人站在城东门边。有人见了，告诉他的弟子子贡，说东门边有个人，长相奇特，前额像尧，脖子像皋陶，肩部像子产，腰部以下与大禹差三寸，看他仓皇疲惫的样子，就像一条丧家的狗。子贡见到孔子后把这话如实告诉了老师，孔子哑然笑道："外形和相貌，都说得不对，不过我的确是一条无家可归的丧家之犬啊！"

无数次生死一线，无数次被拒之门外，十四年的流浪生涯，让孔子尝尽失败，但他依然不忘初心，坚守自己的理想和信念。

公元前484年，在外漂泊十四年的孔子终于又回到了鲁国。这年，他已经六十八岁了。此时，年近古稀的孔子依然没有停下脚步，他开始给国君做顾问、四处推荐自己的弟子，还开始编纂各种典籍。这些书后来被尊为儒家经典，而大部分典籍又被后世合称为"四书五经"。

两年后，孔子的儿子孔鲤去世。孔子经受着老年丧子的悲伤，哀恸至极。

没想到刚送完儿子，孔子最疼爱的弟子颜回也死了，死时年仅四十岁。又过了几年，跟随孔子时间最久的大弟子子路也去世了。孔子瘫坐在中庭，放声痛哭。

经历了几次生离死别，孔子说："我已经好久没有梦见过周公了，可能是真的老了吧。"

有一天，孔子早早起了床，拖着拐杖，独自走在空荡荡的街道上，悲凉地唱道："泰山坏乎！梁柱摧乎！哲人萎乎！"

公元前479年，七十三岁的孔子溘然离世。弟子们为他的老师服丧三年，唯独子贡为孔子守坟六年。孔子一生坎坷，历经无数苦难，壮志难酬，但他始终都像个热血追梦的少年，明知不可为而为之。他主张恢复周礼，倡导仁义，为了心中的理想，孔子奋斗了一生。

他不知道这个世界会不会变好，未来会不会有那个老者安、朋友信、少者怀的世界。他甚至不知道自己思考了一生的智慧未来还有没有人能够理解，但他依然还是选择了坚持，从未放弃，也从未回头。

人物小传

孔子（前551—前479），姓子，孔氏，名丘，字仲尼，春秋时期鲁国陬邑（今山东省曲阜市）人，伟大的思想家、政治家、教育家，儒家学派创始人。孔子三岁丧父，自幼学习传统礼制，青年时以广博的礼乐知识闻名于鲁。中年聚徒讲学，从事教育。五十岁时，任鲁国大司寇，不久弃官。携弟子周游列国十四年，宣传自己的政治主张和思想学说。晚年回到鲁国，修订六经，传述六艺，致力于著书立说。孔子去世后，他和弟子的言行被记录下来，整理成《论语》，是为儒家经典。

鬼谷子

神秘的纵横家“鼻祖”

在中国历史上，鬼谷子是一个极为神秘的人物。相传他创立了纵横学派，在先秦诸子百家中独树一帜，被尊为纵横家的创始人。说他神秘，是因为正史中提到鬼谷子时，仅有寥寥几笔，似乎他一辈子都隐居在云梦山的鬼谷中清修，不问世事。他与老子、孔子并列为春秋时期的学术大家，足不出山却精通百家之学，又深谙天地间的运行规律，并且洞悉复杂的人性。因为谋略超群，他被后世尊为“谋圣”。

相传，鬼谷子隐于世外，却操纵着天下的局势，其门下的弟子个个出将入相，左右着列国的命运，推动着历史的走向，鬼谷子俨然就是春秋战国时期天下格局的幕后“操盘手”。

然而，历史上有关鬼谷子的史料记载实在太少，以至于鬼谷子是否真有其人，一直以来都充满争议。司马迁在《史记·苏秦列传》中对鬼谷子的描述，不过寥寥数语：“东事师于齐，而习之于鬼谷先生。”《史记·张仪列传》也只有一句话：“始尝与苏秦俱事鬼谷先生，学术，苏秦自以不及张仪。”由于战国时期纵横家的代表人物苏秦、张仪，都说自己是从鬼谷子那里学到了惊人的本领，因此，鬼谷子就成了纵横家的鼻祖。传说他姓王名诩，别名禅，只是因为常年隐居鬼谷，而被尊称为“鬼谷子”。

那么，鬼谷子到底是不是历史上真实存在的人物呢？

由于正史中关于鬼谷子的记载非常少，所以到了隋唐时期，有很多学者就认为，“苏秦欲神秘其道，故假名‘鬼谷’”。就是说，苏秦为了给自己增加神秘感，所以杜撰了一个老师鬼谷子出来。先不说鬼谷子到底是不是苏秦杜撰的，其实就连苏秦自己，也是个云山雾罩的人物。在《史记》中，苏秦和张仪都被描写为世外高人鬼谷子的学生，两人是同窗好友，结伴学艺。苏秦出山较早，在各国之间不断游说，推行合纵策略，后来一人身佩六国相印，联合六国来对抗秦国，迫使秦国在十五年间不敢兵出函谷关。

张仪后来出山，苏秦使用激将法激其奋发，又暗中助其入秦，然后师兄弟互相斗法，在战国的历史舞台上相互厮杀。一个推行合纵之术，一个推行连横之策，将天下玩弄于股掌之上，演绎了一幕幕精彩绝伦又惊心动魄的历史大戏。

正是靠着司马迁的一支如椽大笔，苏秦和张仪师兄弟斗法的故事被描写得绘声绘色、引人入胜，很快就成了老百姓津津乐道的话题和众人默认的历史常识。然而可惜的是，事实却并非如此。20世纪70年代，考古工作者相继发掘出土了竹简本《孙子兵法·用间》《吕氏春秋·知度》，以及帛书本《战国纵横家书》。经过研究，这几种史料证明：苏秦和张仪并非同一时代的历史人物，因此两人同台对决、争相斗法的故事，注定是“关公战秦琼”——在现实中根本不可能发生。

从长沙马王堆汉墓出土的帛书本《战国纵横家书》得知，苏秦生活的时代是燕昭王与齐愍王明争暗斗的时期，与苏秦同台竞技的是孟尝君、李兑、周最等人。而张仪主要活动于秦惠文王时期，与当时的陈轸、公孙衍等人角逐。这样算来，苏秦比张仪至少晚三十多年出生。因此，《史记》中说两人师出同门，并且相互对抗，基本不符合现实逻辑。

其实，司马迁自己也表达过不确定的观点，他在《史记·苏秦列传》中补充道：“然世言苏秦多异，异时事有类之者皆附之苏秦。”就是说，苏秦这个人很神奇，当时很多找不到主角的传奇故事，都会被附会在他的身上，以至于苏秦被传得越来越神。

那么，既然苏秦的很多事情都无法确定，被说成是苏秦老师的鬼谷子是否真有其人呢？我们不禁也要打个问号了。由于鬼谷子足不出山，隐居世外，以至于无人一睹其真颜，因而也就难辨真伪。后人凭借《史记》中苏秦说自己有个老师是鬼谷子的只言片语，就慢慢在鬼谷子身上附会了许多传奇故事。比如，到了隋唐以后，鬼谷子被越传越神，也越来越受人推崇，甚至越来越多的人给他的经历和学识添砖加瓦，增加神秘感。到后来，就连他的外貌也被过度地夸张描述，说他的额前长着四颗肉痣，暗合着鬼宿之象。

不仅如此，后世的文人墨客还要给他扩充门庭，说他不是只有苏秦、张仪两位出色的弟子，明朝晚期的冯梦龙在《东周列国志》中，就给鬼谷子又增加了孙膑和庞涓两位弟子，从此就有了苏、张、孙、庞“鬼谷四友”的说法。

再后来，鬼谷子这个老师似乎越来越厉害，从春秋的范蠡、文种，到战国的范雎（jū）、徐福等，他的高徒被扩充至五百多人。其实，我们算一下范蠡和徐福生活的时代，要相差二百多年。鬼谷子要能跨越二百多年授徒，那就是神仙了。有意思的是，鬼谷子还真成了神，后来他被道教封为玄微真人，也被称作王禅老祖。由于他神秘莫测，具有能掐会算的超凡能力，于是鬼谷子又被视为是民间占卜算命的源头之一。

因为越传越神、越传越玄，所以到了现代，很多人就认为鬼谷子可能只是一个虚构的人物，在历史上并不存在。有人认为苏秦说自己的老师是鬼谷子，只是为了增加自己的神秘感罢了。但是结合战国时期百家争鸣的那段历史，换个角度再仔细想一想，会不会存在另外一种情况，那就是鬼谷子并不是一个人，而是代表纵横家学派的领袖称号？比如墨家学派的最高领袖叫巨子。而在鬼谷这个地方担任纵横学派领导者的就是鬼谷子，从鬼谷子一代、二代依次往后。

这也就可以轻松解释，为什么鬼谷子有如此多的弟子，并且这些弟子的年龄相差还很大，既有战国中期的苏秦、张仪等人，也有战国末期的李斯、韩非子等人。

从这个角度或许就能明白，第一代的鬼谷子可能就是王诩，他隐居在幽谷之中传授自己的理念、学识，以所处之地命名，自成一派。

等弟子们学成之后闯荡社会出了名，就会有更多的人来鬼谷求学。所以，这些自称是鬼谷子学生的人，有的可能是第一代鬼谷子的学生，有的可能是第二代鬼谷子的学生，有的还可能是第三代鬼谷子的门人。依此类推，甚至到了汉代还有人自称是鬼谷子的学生，也就不是什么稀奇事了。

人物小传

鬼谷子，春秋战国时期纵横家学派的领袖称号。第一代领袖很可能叫王诩或王利，别名禅，生卒年不详，是春秋战国时期楚国人。作为纵横家学派的第一代领袖，著名的谋略家、纵横家，兵法集大成者，他精通百家之学，因隐居在云梦山鬼谷，又称“鬼谷先生”。他深谙自然之规律，天道之奥妙，被后世尊为“谋圣”。主要作品有《鬼谷子》《本经阴符七术》等，被后世称为“智慧禁果，旷世奇书”。

司马迁

以残破之躯铭刻文明记忆

被誉为史圣的太史公司马迁，编撰了一部伟大的史书，鲁迅赞誉它是“史家之绝唱，无韵之离骚”，这部史书就是被列为“二十四史”之首的《史记》。

《史记》是司马迁从公元前104年开始撰写，前后历经十四年才完成的一部鸿篇巨著。其间，司马迁因替投降匈奴的李陵申辩，被汉武帝施以屈辱的腐刑。

他曾在《报任安书》中披露了自己遭受腐刑后隐忍苟活，坚持撰写《史记》的心路历程，其中有句话“人固有一死，死有重于泰山，或轻于鸿毛”。这句话影响了千千万万的中国人，也成为中国人坚持真理的人生信条。为了给世人留下一部“信史”，司马迁“不虚美，不隐恶”，秉笔直书，“虽万被戮，岂有悔哉”！最终成就了这部“亦欲以究天人之际，通古今之变，成一家之言”的千古正史。

司马迁编撰的这部《史记》，涵盖了自五帝时代到汉武帝太初四年（前101）为止的一共三千多年的历史。如此漫长的历史跨度，让我们不禁有个疑问，那就是在没有录音、录像设备的古代，司马迁又从何而知这些古代的事情呢？另外，司马迁会如实地记录历史的真相吗？

关于这个问题，我们就要说到古代史官这个特殊的群体。中国从夏朝开始，历朝历代都会设置专门记录历史的官职，称为“史官”。史官是隐藏在历史背后的一群人，一般而言，史官都是家族传承的，他们有着自己的职业操守，那就是为了捍卫历史真相，也为了捍卫家族荣誉，他们会秉笔直书、不畏生死。

历史上有个非常著名的事件，为我们展现了史官这个群体的骨气和操守。公元前548年，齐国大夫崔杼（zhù）弑杀了齐庄公，当时齐国的史官便如实记录了这件事："崔杼弑其君。"崔杼得知后大怒，派人杀了这个史官。然而史官的弟弟们接着写下"崔杼弑其君"，以至于为了写下这几个字，兄弟四人被杀了三个，最后崔杼都害怕了，只好放弃。

与此同时，当时齐国的另一个史官家族，名为南史氏，听说崔杼接连杀害史官，南史氏索性抱着竹简赶到现场，对崔杼说："如果你把太史一家杀光了，那么我们南史家还会接着写，接着用我们的生命来捍卫事实真相，捍卫历史的尊严。"从此，史官的权威就奠定下来了。

司马迁就出生在不惜用生命来捍卫历史真相的史官家族，他的父亲司马谈是西汉的太史令，司马谈在去世前，曾叮嘱司马迁："我死了以后，你一定会接替我做太史令，写出一部通史是我毕生的心愿，你一定要替我完成这个愿望！"之后，司马迁继任太史令，他遵从父亲的遗愿，从公元前104年开始，历经十四年，终于完成了中国第一部纪传体通史——《史记》。

《史记》的撰写过程相当艰难和漫长，司马迁既取材当时流传下来的《尚书》《国语》《秦记》《楚汉春秋》等史料，以及各国的文书档案，同时要涉猎诸子百家的著作，并且要亲自去实地考察，搜集地方的民间资料等等。面对浩繁的资料，司马迁必须秉持严谨的态度，从中筛选出较为真实可信的信息，然后加以整理撰述。比如，对于史料中没有明确记载的三皇历史，司马迁就没有写，《史记》是以有史料记载的五帝作为开篇的。

同时，为了客观地记录历史，对于那些自己无法确定的人物和事件，他便以存疑的态度，同时记载史料中存在的不同版本。比如对于秦始皇的生父之谜，历史上就有不同的版本和记录，而司马迁无法判断究竟哪个是真实的，于是他就将不同的说法都记录在《史记》里。所以我们会看到在《史记·秦始皇本纪》中记载“秦始皇帝者，秦庄襄王子也”，就是说，秦始皇就是秦庄襄王异人的儿子。但在《史记·吕不韦列传》中，又有秦始皇的生母赵姬“自匿有身，至大期时，生子政”的说法。这就是司马迁为了真实地还原历史，对历史存疑事件采用的一种客观的表述方式。

司马迁撰写《史记》，不仅写古代史，也涉及当代事件，他从五帝时代一直写到他所生活的汉武帝时期，可以说是毫无隐讳。正是因为司马迁的一支如椽大笔，忠实地记录了历史的点点滴滴，才让我们看到了那个来自民间、贪财好色、带着痞气，却又百折不挠的汉高祖刘邦；让我们看到了“力拔山兮气盖世”的楚霸王项羽；也让我们看到了并不完美的少年战神霍去病和虽然树立了大汉自信，却又穷兵黩武、耗竭民力的汉武帝刘彻。正是因为他所撰写的《史记》，才让后世以史为鉴，让我们一探历史的真相。

然而，就在司马迁艰难撰史期间，公元前99年，西汉和匈奴爆发了历史上著名的浚稽山之战。由于敌我双方兵力悬殊，汉将李陵在击杀了大量匈奴骑兵后，因为弹尽粮绝，而援兵未至，被迫投降了匈奴。当时，身为太史令的司马迁因为替李陵辩解，触怒了汉武帝，惨遭腐刑。

腐刑对于一个男人而言，是对其尊严的莫大羞辱。然而，司马迁为了尚未完成的《史记》，他只能拖着残躯，忍辱苟活，笔耕不辍。

公元前91年，《史记》终于完成。然而诡异的是，自此以后，司马迁在历史上也消失了踪迹，甚至司马迁死于哪一年，历史上也没有记录。对此，东汉学者卫宏在《汉书旧仪注》中记载：“司马迁作《景帝本纪》极言其短及武帝过，武帝怒而削去之，后坐举李陵，陵降匈奴，故下迁蚕室，有怨言，下狱死。”可见，司马迁最终的结局，很有可能是因为对汉武帝不满而被打入大牢，死在了狱中。

然而，幸运的是，司马迁用生命撰写的这部信史最终还是流传了下来。他在《太史公自序》中有这样一段话："凡百三十篇，五十二万六千五百字，为太史公书……藏之名山，副在京师，俟后世圣人君子。"

这段话说明《史记》应该有两个抄本，即正本和副本。司马迁在《史记》中无所隐讳地秉笔直书，不仅记录了汉高祖贪财好色又残害功臣，还记述了汉景帝刻薄寡恩，汉武帝穷兵黩武，等等。这样的文字必然会触怒汉武帝，不仅会给自己带来杀身之祸，而且《史记》也很有可能会被汉武帝篡改乃至焚毁。如果那样，他苦心著述的毕生心血都将付之东流。

为了以防万一，司马迁在完成《史记》之后，他又誊抄了一份副本。他将正本藏在不为人知的"名山"之中，副本则留在了京师长安。而他也在《太史公自序》和《报任安书》中反复强调此事，为的就是让后人知晓自己的心意，其中饱含着司马迁的多少苦衷和嘱托啊！

后来，果如司马迁所料，《史记》副本被汉武帝删改得残缺不全、面目全非。

直到二十多后，到了汉宣帝时期，司马迁的外孙杨恽被封为平通侯。当时，杨恽看到汉宣帝有仁君之风，朝野政治清明，他觉得应该是让外祖父司马迁的毕生心血重见天日的时候了，于是就把《史记》正本献给了朝堂，而汉宣帝一读之下，大为欣喜，《史记》这才被公之于世，并开始流传。至此，一部前无古人的史学巨著终于浮出了水面，并且在历史的长河中一直流传至今。

司马迁在《报任安书》中说："人固有一死，死有重于泰山，或轻于鸿毛。"他以自己残破的身躯，换来一个民族真实而完整的历史。真正的"信史"，正是从司马迁而始。

而他所撰写的《史记》不仅为我们再现了真实的历史，更因其优美的文辞、深远的哲理影响了历代中国人，成为中华文明世代永续的珍贵记忆。

人物小传

司马迁（前145或前135—？），字子长，左冯翊夏阳（今陕西省韩城市南）人。中国西汉时期伟大的史学家、文学家、思想家。司马迁少年时随父亲司马谈读书，二十岁出游，考察名胜古迹，访问历史遗事。后为郎中，随汉武帝出巡西北诸郡县。元鼎六年（前111），奉命出使西南。元封元年（前110），司马迁的父亲去世，遗嘱司马迁继志著史。两年后，司马迁继承父职任太史令。太初元年（前104），司马迁倡议并主持改革历法工作，参与制定以正月为岁首的新历“太初历”。天汉三年（前98），司马迁因替投降匈奴的李陵辩解，触怒武帝，获罪入狱。两年后出狱，任中书令。受刑之后，司马迁发愤撰书，著成《史记》（初名《太史公书》），成为中国第一部纪传体通史。除《史记》外，其著作存于今者，尚有《报任安书》《悲士不遇赋》等。

董仲舒

改造儒学的西汉大儒

唐代诗人白居易在《琵琶行》中有这样两句诗："自言本是京城女，家在虾蟆陵下住。"歌女称自己的家，就在京城长安的虾蟆陵。那么虾蟆陵在哪儿呢？

在今天西安市南城墙下东起和平门、西至文昌门的一段巷子里，你能看到"下马陵"的路牌，西汉大儒董仲舒的墓碑也立在那段路的路旁。这个地方之所以被叫作下马陵，是因为有一次汉武帝路过这里，要经过董仲舒的陵墓，为了表示对他的尊敬，特意下马，从此步行而过。此后所有的官员路过此地，也都要下马，因此民间将董仲舒的墓又称为"下马陵"。当时长安官话的"下马"二字与"蛤蟆"同音，所以几经流转，下马陵渐渐就被叫成了蛤蟆陵、虾蟆陵。

说起来，埋葬在下马陵的董仲舒在历史上非常有名，正是他提出了"罢黜百家、独尊儒术"，使儒学成为中国社会的正统思想，并影响后世长达两千多年。然而有意思的是，这位西汉时期的著名学者、思想家，想当初却是位标准的宅男，他不光宅，好像还有点"社恐"，反正就是不爱见人。但董仲舒学习很刻苦，他整日待在家中苦读经典、思索人生，由此积累了深厚的学识。

三十岁的时候，他开始开馆授徒，所谓传道授业解惑是也。然而他讲课的方式很别致，可能是因为"社恐"，所以他讲课的时候，总要在教室里挂上一道帷幔，学生们在帷幔之外听讲，他则坐在帷幔之后讲课。由于课讲得非常好，他的教室里每天都人满为患。

后来，他的很多学生都学有所成，有的谋了个一官半职，有的甚至还做了诸侯国的国相。尽管桃李满天下，愣是谁都没能一睹自己这位老师的真颜。

后来董仲舒的名声越传越响，再加上他还自带神秘光环，慢慢地就被当时的皇帝汉景帝听说了。汉景帝觉得这是个人才啊，就把他征召进了朝廷，让他做了博士，还让他负责讲授经学。

当时的西汉，统治思想是黄老之学为主，刑名和儒学各家兼容并存。事实证明，这种统治思想在汉朝初年是非常符合当时的社会需要的，也让汉帝国仓廪丰实、府库充盈，以至出现了文景之治的盛世局面。然而，汉武帝即位后，随着经济的发展，国力逐渐强大，黄老学说的“无为之治”已经不符合当时社会的发展需要了。

在帝国内部，由于朝廷的无为放任，景帝时期发生了严重的“七国之乱”，尽管叛乱很快被平息，但诸侯王的势力依然很强大，对中央的威胁始终存在。

而在对外关系上，黄老学说的“无为之治”不提倡煊赫的武功，因此无法震慑周边四夷。尤其是匈奴，他们屡屡寇边，而大汉却只能通过屈辱的和亲来换取一时的安宁。就在汉武帝登基的那一年，即公元前141年，匈奴的军臣单于还率军入侵汉地，火烧了大汉的甘泉宫。这件事成为汉武帝的心头之恨，被他认为是汉家的耻辱。

因此，从内外的形势来看，表面歌舞升平的西汉帝国，实际上潜藏着巨大的统治危机。当时，刚刚即位的汉武帝一心想做个有为的君王，而不是像父亲汉景帝那样的守成之君，所以他想对帝国的统治思想进行大刀阔斧的改革，以求建立煊赫的文治武功。

然而，汉武帝当时只有十几岁，朝政大权都把持在祖母窦太后的手里，老太太从丈夫文帝时代开始，一路走过了儿子的景帝时代，又到了孙子汉武帝的时期，她笃信黄老学说，是黄老学说的坚定拥护者。因此，当时的汉武帝想要改变国家的统治思想，几乎是不可能的事情。

公元前135年五月，窦太后去世。于是就在第二年，汉武帝迫不及待地掀起一场政治改革。他很快就下了一道诏令，在全国范围内征荐贤良方正之士。诏令一出，各地的读书人纷纷被举荐到了京城，当时董仲舒正出任江都国的国相，他也被推举入京参加皇帝的策问。

来到京城之后，汉武帝连问三策，董仲舒则连上三篇策论作答，受到汉武帝的大加赞赏。因为董仲舒的首篇策论回答的是“天人关系”问题，所以他上的这三篇策论又被称为“天人三策”。

董仲舒的“天人三策”，表面上阐述的是天与人的关系问题，实际上蕴含了一套政治理念。它以儒家学说为基础，以阴阳五行为框架，包含了天人感应、君权神授、尊崇孔子、罢黜百家等思想，将皇权的赋予说成是上天的旨意，从而建立起了一个具有神学倾向的新儒学体系。

此外，他还提出大一统和尊王攘夷思想，并倡议建立太学，改革人才选拔的制度等，对当时的统治思想和中央集权极为有利。尤其是董仲舒根据儒家经典《春秋公羊传》所提出的大一统理论，认为只有思想统一，才能法度统一，百姓才会有行为的准则，这样才能维护和巩固国家的统一。

董仲舒的策论深得汉武帝的青睐，当时他正好急需这样的理论来稳定朝局，加强中央集权。因此，对于董仲舒提出的一系列建议主张，汉武帝很快就采纳并着手实施。于是，汉帝国罢黜百家，并以董仲舒改良后的新儒学作为治理国家的思想方针。

与此同时，汉武帝还下令在京城建立太学，并设立五经取士，以儒家经典作为教学课本。而朝廷选拔官吏，也以对儒家学说的掌握作为标准，这使得大量儒生走上了大汉的朝堂。

不过，尽管汉武帝采纳了董仲舒的思想，但却并没有把他留在身边，而是把他外派到诸侯国去做国相。同时，汉武帝在实际的执政过程中，也没有只用儒生，而是儒法并用，王道与霸道并存，这才有了后来北击匈奴、威及西域的大汉雄风。

虽说董仲舒的思想主要是儒家思想，但实际上吸收了一些阴阳家、刑名家的观点。其学说除了大一统思想外，还包含如天人感应论、君权神授说、三纲五常说等这些本不属于儒家的思想。因此，董仲舒的儒学其实是经过他改造和掺杂了众多思想的新儒学，抑或是披着儒家外衣的董子神权思想，与孔子的儒家学说本质上已经有了很大区别。

但正是这些杂糅的学说，它更符合汉武帝的现实需要，比起纯粹的儒家学说更容易被统治者接受。实际上，从汉武帝到汉宣帝，汉朝并没有完全依靠儒生，仅仅是利用董仲舒改造的思想理念，来加强中央集权的统治罢了。

说起来，董仲舒的“天人三策”尽管缺乏科学依据，但它迎合了封建帝王中央集权的统治需求，也在一定程度上限制了皇帝个人的私欲。它时刻警示那些统治者，至高无上的皇权虽然是上天赋予的，但如果帝王昏庸无道，就会给天下、给百姓造成巨大的灾难，上天也会给王朝带来灭亡的危险。董仲舒利用上天对人君的感应，让皇帝心存戒惧，从而限制皇权的滥用。

所以说，在客观上，董仲舒的新儒学体系一方面迎合了封建帝王的统治需求，另一方面也对社会的稳定具有一定的积极意义。因此，自董仲舒以后，儒学就渐渐成为中国封建社会的正统思想，其影响一直延续了两千多年。

但是，我们必须承认，董仲舒的新儒学体系和孔子的思想是有着很大区别的。假想一下，如果孔子看到被董仲舒改造后的儒家思想终于登上了历史的舞台，相比他的周游列国、到处游说而不被人重用的处境，他是该感到高兴，还是悲哀呢？

人物小传

董仲舒（前179—前104），广川（今河北省景县广川镇大董故庄村）人，西汉著名学者、思想家。他对儒家学说进行了极大的改造和发展，吸收了法家、道家、阴阳家思想，建立了新的儒家思想体系，使之成为汉代的官方统治哲学。著有《春秋繁露》、《春秋决事比》（又称《春秋决狱》）、《士不遇赋》等。汉景帝时董仲舒为博士，讲授《公羊春秋》。元光元年（前134），汉武帝下诏征求治国之策，董仲舒上《举贤良对策》，主张教化民众，唯贤是举。提出天人感应、大一统之说，主张罢黜百家、独尊儒术，得到汉武帝认同，定为治国方针。元狩元年（前122）辞官回乡，闭门著书。朝廷每有大事，仍令使者与廷尉前来问询。董仲舒一生历经三朝，公元前104年病故，享年七十五岁。死后被赐葬于长安下马陵。

鸠摩罗什

身入污泥，心似莲花

说起西域，总绕不开历史上一个神秘的国度——龟兹，它曾是整个西域的政治文化中心，也是古丝绸之路上一个重要的节点。它拥有比莫高窟更为久远的石窟艺术，还有着令世人为之着迷的乐舞，宗教、文化、经济一度极为发达。

在南北朝时期，龟兹孕育了一位伟大的僧人，被认为是中国佛教的八宗之祖，更是被誉为“最接近佛陀的智者”，他就是“身入污泥，心似莲花”的鸠摩罗什。

鸠摩罗什容貌俊雅，而且才智倾国，当时西域各国的君主将他视为珍宝，都想请他去自己的国家担任国师，甚至为了得到他，诸多雄主不惜兵戎相见。他一生辗转多地，坎坷波折。在烽烟四起的乱世之中，他传经布道，一心向佛，以翻译佛法经文而备受赞誉，成为佛法“译界第一流宗匠”。

他的译风优美典雅而又文采斐然，对佛教思想的传播具有深远的影响。比如《金刚经》非常著名的“六如偈”——“一切有为法，如梦幻泡影，如露亦如电，应作如是观”就出自他的译笔。

鸠摩罗什的父亲名叫鸠摩罗炎，是天竺宰相的长子，年轻时英俊潇洒，而且聪慧有德。为了学习其他国家治国理政的方法，鸠摩罗炎辞别家人，东度葱岭，来到了西域。在西域的龟兹国，鸠摩罗炎受到国王的器重，被任命为龟兹的国师。

当时，龟兹王有个妹妹，名叫耆婆，她容颜美丽且聪慧过人。相传她能过目不忘，只要是她读过或听过的内容，转眼就能一字不差地背出来。当时，西域各国的王公贵族都想娶美丽聪慧的耆婆为妻，奈何耆婆对他们全都瞧不上，直到她遇见了刚被任命为龟兹国师的鸠摩罗炎。

在龟兹王的撮合下，鸠摩罗炎迎娶了龟兹的公主耆婆。婚后不久，耆婆就有了身孕，神奇的是，在怀孕期间，耆婆对佛经的记忆和理解比往常更加深刻，甚至还无师自通学会了天竺语，这让当时的人们都倍感惊讶。有位高僧听到了这件事，他说："这一定是怀了有智慧的孩子，当年舍利佛还在母胎时，其母的智慧就倍增于往常。"

十月怀胎，一朝分娩，耆婆生下了一个聪明可爱的男婴，这个孩子就是鸠摩罗什。更神奇的是自打生下了鸠摩罗什，耆婆便再也不会说天竺语了。

当时西域各国的佛教氛围很浓，尤其是龟兹国。到了鸠摩罗什七岁时，他出身贵族的母亲耆婆放弃了所有的荣华富贵，带着他一起剃度出家，从此母子俩一同皈依佛法，吃斋念佛。这件事儿在龟兹引起了巨大的轰动，母子俩备受龟兹臣民的尊崇。

为了让儿子免受世俗的影响，耆婆决定带着鸠摩罗什远走他乡。当时鸠摩罗什刚刚九岁，他和母亲来到了西域的罽（jì）宾国（位于今开伯尔山口附近），并且拜当地的大德高僧盘头达多为师。

鸠摩罗什遗传了母亲的聪慧，他天赋异禀，据说每天能背诵一千多首偈，显示出超人的智慧。不到两年，鸠摩罗什神童的名声很快传到了罽宾国的王宫里，于是罽宾国王邀请鸠摩罗什前来与一众高僧辩论佛法，看看他是否名副其实。那场论战中，鸠摩罗什引经据典，辩才无碍，这让他声名鹊起，四方不少高僧、学者都被他深深折服。

在罽宾跟随老师盘头达多学习了两年后，鸠摩罗什已经无法学习到新的知识，于是母亲耆婆就带着他，踏上了返回故国龟兹的归途。在途中遇到一位罗汉，他告诫耆婆说："如果这孩子在三十五岁前不破戒，他将会成为与阿育王时期的优波崛多一样的大师，大兴佛法、普度众生。如果破了戒，那他这辈子也就只能是个普通的法师。”

或许很多人都觉得这预言不可信，因为鸠摩罗什如此优秀、自律，他坚守信仰，怎么会破戒呢？当时鸠摩罗什的母亲耆婆也没有太在意。

回到龟兹国之后，鸠摩罗什开始从小乘佛法转向大乘佛法的学习。

咱们今天总是在影视剧里听到小乘佛法和大乘佛法的说法，那什么是小乘佛法？什么又是大乘佛法？两者有什么区别吗？

“乘”，原指运载工具，在佛教中比喻用佛法普度众生，就像用车载着人抵达智慧的彼岸。小乘佛法强调自我觉悟，也就是自度，主张人想要解脱必须要出家，出家后不事生产，也无后代。而大乘佛法，除了自我觉悟外，更强调的是度他人，利益一切众生，也就是通常所说的普度众生。

鸠摩罗什当时亲眼看到世间的战乱和人世的悲苦，在学习大乘佛法之后，他愈加坚定了心中的宏愿，那就是普度众生。

就这样，不知不觉，二十多年弹指一挥间，鸠摩罗什已经成为一代高僧，他在西域的地位和威望无人能及。每次鸠摩罗什前去讲法，他乘坐金车，而君王则跪在一侧，王公贵族们匍匐在地，让鸠摩罗什从金车下来时踩着他们的脊背登上法坛。由于鸠摩罗什佛法高深，当时他的大名甚至传到了北方的中原地区和南方的东晋王朝。

公元376年，前秦的苻坚统一了中原，结束了北方的混乱局面。有一天，太史夜观天象，忽然惊奇地大呼：“一位来自西方的高僧大德，将要来到中原了。”由于久闻鸠摩罗什的盛名，苻坚当时就断定，将要来到中原的高僧，就是鸠摩罗什。

公元382年，苻坚任命大将吕光率领大军讨伐西域诸国，次年出征之前，他特意叮嘱吕光一定要把西域高僧鸠摩罗什安全地带回长安。然而，武将吕光哪里懂得佛法，他认为鸠摩罗什只会耍嘴皮子，何德何能竟让君王、民众都清一色地着了魔？纳闷的吕光在征服了西域诸国后，当即就派人把鸠摩罗什抓了过来。

等亲眼见到这位在西域神一样存在的高僧鸠摩罗什后，吕光突发奇想，他想羞辱眼前的这位高僧，于是下令把龟兹王的女儿嫁给鸠摩罗什。鸠摩罗什誓死不从，吕光便让人强行给他灌下放了迷药的酒，然后把他与龟兹公主关在了一间房里。

就这样，鸠摩罗什在神志不清的状态中破了戒，也应验了二十多年前的那个预言。随后，鸠摩罗什不得不娶了龟兹公主，迈过了俗世的门槛，一脚踏入了滚滚红尘。

公元383年，苻坚试图吞灭东晋、统一天下，他发动了著名的淝水之战，却以失败告终。公元385年，苻坚被部下姚苌（cháng）所杀，随后姚苌建立后秦，而他也是鸠摩罗什的忠实“粉丝”，于是派人来西域请鸠摩罗什到长安讲法。

当时的吕光，已经在姑臧建立了后凉国，他虽然不信佛法，但也决不会把鸠摩罗什送给后秦的姚苌。就这样，鸠摩罗什在凉州城内被软禁了十七年。在这期间，鸠摩罗什一边参悟佛法，一边学习汉语和中原文化，这为他日后翻译佛经奠定了深厚的语言基础。

公元401年，姚苌之子姚兴遵从父志灭掉了后凉国，也如愿得到了久违的鸠摩罗什。当时，后秦皇帝姚兴以国师之礼，将鸠摩罗什亲自迎接到长安，后来又请他在逍遥园和西明阁先后主持译场，并挑选八百多位僧人参与佛经的中文翻译。于是，中国宗教史和文化史上第一次大规模的官方译经活动轰轰烈烈地开始了。

当时鸠摩罗什已经五十八岁了，每次译经时，他手持佛经梵本，读罢一句梵文，便直接口译为汉语，然后由身边的弟子进行手抄记录。据说每次鸠摩罗什译完初稿后，崇信佛法的姚兴都会亲自拜读，时常还要请教两个版本之间的异同，最后才定宗本。由于鸠摩罗什翻译的佛经流畅优雅、文采斐然，读来朗朗上口，以至于历经一千六百多年，至今仍没有人能增删改动一字。

有一次，后秦皇帝姚兴突发奇想，他想让鸠摩罗什开枝散叶，留下更优秀的佛徒后代。于是他强迫鸠摩罗什离开寺院，将他安排在一处舒适的别馆，并给他安排了美貌的姬妾。鸠摩罗什明白，这是自己一生的劫数，无法逃脱，对皇帝各种奇葩的想法，他唯有默然接纳。

眼见鸠摩罗什“享受”尘世艳福，寺院里议论纷纷，不少僧人也想效仿他娶妻生子。一天，鸠摩罗什召集所有僧人和弟子聚集一处，然后他拿出一只钵，钵里面盛满了绣花针，他说：“谁能像我一样，把这钵针吞下而无恙，就可与我一样娶妻生子。”说罢，他抓起钵里的绣花针，一口一口地吞入腹中，这令在场的僧人全都惊愕无比。从此以后，再也没有人敢提及此事。

公元413年，七十岁的鸠摩罗什在长安圆寂。圆寂之前，他立下誓言：“若自己所译经典无误，则火化后舌头不烂。”熊熊烈火焚烧之后，鸠摩罗什的肉身化为灰烬，只剩下一块舌舍利完好无损地出现在灰烬之中。据说，鸠摩罗什的这颗舌舍利，至今还被供奉在罗什寺（在今甘肃省武威市）里，被信众们顶礼膜拜。

一千六百多年过去了，鸠摩罗什的故国龟兹早已被掩埋于漫漫黄沙之下，唯有他翻译的佛法经典还在晨钟暮鼓中伴着梵音，声声传诵。

人物小传

鸠摩罗什（343—413），又译鸠摩罗什婆、鸠摩罗耆婆，也有意译为童寿。东晋十六国时期高僧，中国汉传佛教四大佛经翻译家之一。鸠摩罗什生于龟兹。七岁随母出家，初学小乘，后改学大乘。博读大小乘经论，名闻西域诸国。前秦建元十八年（382），苻坚遣吕光攻伐焉耆，继灭龟兹，将鸠摩罗什劫至凉州。三年后姚苌杀苻坚，灭前秦，吕光割据凉州，鸠摩罗什随吕光滞留凉州达十七年。后秦弘始三年（401）姚兴攻伐后凉，亲迎鸠摩罗什入长安，以国师礼待，并在长安组织译场，由鸠摩罗什主持译经事业。之后九年里，鸠摩罗什与弟子译出《大品般若经》《妙法莲华经》《维摩诘经》《阿弥陀经》《金刚经》《中论》《百论》《十二门论》《大智度论》等经论，系统介绍龙树中观学派的学说。鸠摩罗什译经文义圆融、内容信实、字句流畅，在中国译经史上具有划时代的意义。

张　载

为天地立心，为生民立命

“为天地立心，为生民立命，为往圣既绝学，为万世开太平。”

这是北宋理学大师张载的名言，也是中国思想史上最震撼的四句话，被冯友兰先生誉为“横渠四句”。千百年来，它被看作中国儒家学者的立世理想，也被视为中国知识分子的精神坐标。

张载祖籍大梁（今河南省开封市），是北宋时期著名的哲学家、思想家、教育家，与当时的周敦颐、邵雍、程颐、程颢这四位学者，并称为“北宋五子”。

天禧四年（1020），张载出生于长安，他的父亲张迪时任长安县令，张迪以《易经·坤卦》中“厚德载物”为他取名，故名张载。

后来，张载的父亲调任四川，最终在涪州（今重庆市涪陵区）知州任上病逝。张载作为长子，与母亲和五岁的弟弟张戬一起，将父亲的灵柩护送回祖籍开封安葬。等走到陕西郿县（今陕西省眉县）的横渠镇时，一家人盘缠用尽，又听说前方发生了战事。无奈之下，张载只能在当地人的帮助下，将父亲安葬在横渠镇郊外的迷狐岭上。

按照礼法，安葬父亲后，还要在这里守孝三年。于是，张载一家人就在横渠镇定居了下来。守孝期满，张载来到横渠镇的崇寿院读书，相传他读书非常刻苦。为了勉励自己，他曾经写了一副对联：“夜眠人静后，早起鸟啼先。”他把对联贴在书房，十几年如一日地刻苦攻读。为这，张载还遭到他两位表侄，就是后来的大思想家程颐、程颢兄弟的嘲笑，“二程”批评表叔张载读书太用力了，堪称“艰苦卓绝”。

与其他手无缚鸡之力的柔弱书生不同，张载不仅读书很刻苦，还注重身体锻炼。他从小练习武术，身体十分强健。而且因为父亲去世得早，张载还早早就挑起了家庭的重担。

当时横渠镇的乡民经常看到少年张载手里拿着书本，每天去崇寿院读书。在乡间田地，也经常能看到他躬耕的身影。慢慢地，乡民们都很敬重这个勤奋好学又有担当的小男子汉。

耕读之余，张载还非常喜欢钻研军事。当时，西夏常常侵扰宋朝边境，孱弱的宋廷只能向对方奉送绢帛、银钱、茶叶等物资，以换取边境的短暂和平。面对这样屈辱的局面，张载心中很是愤慨。

康定元年（1040），年仅二十一岁的张载写了一篇极具战略意义的边防策略——《边议九条》，并上书给时任陕西经略安抚副使、主持西北防务的范仲淹，建议组织民团，联手夺回被西夏侵占的洮西疆土，收复失地。

范仲淹读了张载的《边议九条》，非常吃惊，随后在延州军府召见了这位志向远大的儒生。在范仲淹面前，张载谈论军事边防、收复失地的策略，得到了范仲淹的称赞和嘉奖。见张载年纪轻轻就见地非凡，范仲淹觉得张载应该钻研学术，鼓励他研读儒家经典。

张载听从了范仲淹的建议，之后他刻苦攻读儒家典籍，这让他在思想学术上有了很大的收获。其间他又涉猎佛家、道家之学，但后来他又认为这些学说都不能实现自己胸中的抱负，于是再度回到儒家学说的道路。经过十多年的深入钻研，张载终于悟出了儒、佛、道之间的内在本质，并逐渐建立起自己的一套学术体系。

从张载的这段求学经历来看，他和后世的明代大儒王阳明很像。王阳明也是初谈兵事，后从学术，接着通学儒、释、道各家学说，最后又返回儒家的道路，然后经历九死千难，这才有了中国哲学史上著名的“龙场悟道”。张载的悟道历程几乎也是如此。由此可见，古往今来那些大学问者，都要付出超乎常人的努力，并经历艰难的磨炼。

经过多年的苦读，嘉祐二年（1057），三十八岁的张载来到京城汴梁参加科考，当时的主考官是一代文宗欧阳修，放榜之时，张载与苏轼、苏辙、程颢、程颐、曾巩、曾布等诸多才子一同登科。因此，那一年的进士榜又被称为“千年进士第一榜”。

然而，张载的一生有个很大的谜团，即从他二十一岁经范仲淹指点后钻研儒学，直到三十八岁考中进士，其间十七年，除了读书学习之外，他还做了什么？

我们知道，张载文武兼备，又格外用功，按照常理，仅需四五年的时间，只要他参加科举，就应该能考上，但为什么十多年来他一直不去参加科考呢？

从他的人生志向和人生轨迹来看，大致应该有以下三种原因：

一是他年轻时虽然立志报国，但骨子里却淡泊名利。他读书做学问，只想经世致用，对于仕途没有多大渴望。

二是他想要沉下心来，积累更多的知识与学问，以求厚积薄发，其间他可能拜访了不少名师，采百家之长，希望能融会贯通，然后探索出一条属于自己的学术路线。

三是出于实际原因，他作为家中长子，需要照顾家庭。张载遵从儒家的孝悌，母亲年老多病，家中生计艰难，他需要承担起这份责任。同时，作为兄长，他还要抚养弟弟成长，所以他并不急着考取功名外出做官。后来，直到他的弟弟考中进士、成家立业后，张载才在三十八岁时来到京城汴梁，参加科举。

然而考中进士后，张载的仕途并不顺利。王安石变法期间，弟弟张戬因反对变法而被贬，张载随之辞官回到了横渠镇。此后，张载就在自己少年时求学读书的崇寿院里设馆讲学，创立了名震当时的“关学”，成为宋代理学四大主流之一。今天我们去陕西眉县的张载祠，祠内的横渠书院就是当年张载讲学的崇寿院。

张载在眉县横渠镇讲学期间，他总结自己的学术思想，撰写了大量的著作，并提出了“为天地立心，为生民立命，为往圣继绝学，为万世开太平”的壮志豪言。“横渠四句”的核心思想是通晓万物造化之理以彰显天道，让百姓能更好地安身立命，传承历代圣贤的思想智慧，为千秋万代开创永久的太平基业。

也许有人会质疑，张载提出“横渠四句”这般宏大的理念，然而自己一生穷困潦倒，有什么用呢?

实际上，张载作为关学的创立者，对于物质并没有过多的欲望和追求，他始终将传播正道作为自己毕生的追求。在中国历史上有许多这样的人，他们留给我们的或许不是金钱，也不是丰功伟业，却给我们留下了丰厚而宝贵的精神财富。

公元1077年，身患肺病的张载被召回京任职。然而没多久，因为在朝中受到孤立，加上病情加重，这年冬天，张载只得再次辞官回乡。回乡的途中，张载病逝于临潼的馆驿之中，时年五十八岁。当时，他的身边只有一个外甥。由于张载一生清贫，两袖清风，以至于无钱安葬。他在长安的学生们听说老师去世，纷纷从长安赶赴临潼，大家筹集资金，这才将张载的灵柩运回横渠，安葬于他父亲张迪墓的南面。

张载去世一个多世纪后，一位江西书生参加殿试，在卷中写下了“为天地立心，为生民立命，为往圣继绝学，为万世开太平”，这位书生就是文天祥。开榜时，他成了那一年的状元，也成了南宋一朝最后的脊梁。

大约四百年后，一个浙江人在读书时为张载的思想而击节赞赏，他以“横渠四句”作为自己的人生理想，最终也活成了另一位世人楷模，成为千年一遇的大思想家，他就是晚清著名的思想家黄宗羲。

如今，张载虽已长眠千载，但他的学术和思想，对后世产生了深远的影响，激励了一代又一代的中国人。

人物小传

张载（1020—1077），字子厚，祖籍大梁（今河南省开封市），凤翔郿县（今陕西省眉县）人。北宋思想家、教育家，关学创始人，世称“横渠先生”，尊称“张子”。著有《正蒙》《横渠易说》《经学理窟》等，后人编为《张子全书》。张载生于官僚家庭，少年时就喜欢读书。嘉祐二年（1057）中进士，先后任祁州司法参军、丹州云岩县令，后迁任著作佐郎、崇文院校书等。在弟张戬上书批评王安石而被贬之后，张载辞官归乡。随后创建了横渠书院，边授徒边著书，渐渐创立了代表自己思想体系的关学学派。宋神宗熙宁十年（1077），张载返家途中病逝于临潼，时年五十八岁。张载在哲学上主张气一元论和无神论，在中国思想史上具有重要地位。

王阳明

拨开内心的迷雾与杂草

一千多年前，贵州还不是今天这般美丽的旅游胜地，那时的贵州崇山峻岭，烟瘴肆虐，蛇虫横行，是贬谪流放的理想场所。尤其是贵州龙场，那里有明朝初年彝族首领奢香夫人开设九驿的第一个驿站。说是驿站，实际上就是几间破房子，一条可以勉强通行的山路，那路上经过的往往不是人，而是老虎和狼。可以说，被贬到龙场的人很少有活着回去的。

明武宗正德三年（1508）的三月，一个精瘦的文人受朝廷贬谪，历经千难万险来到了他的任所——蛇虫横行的贵州龙场驿站，做了一个不入品的小小驿丞。这是他人生的绝境，然而他即将在这里完成自己的凤凰涅槃。

他，就是后来被称为心学圣人的旷世先知——王阳明。

王阳明，名守仁，号阳明，浙江余姚人。十岁那年，他的父亲王华考中状元，随后他跟着祖父进京。途经金山寺时，祖父与一群文人宴饮。席间有人提议以“咏金山寺”为题作一首诗，就在大家还在苦思冥想之际，小小年纪的王阳明不假思索，脱口而出：

金山一点大如拳，打破维扬水底天。

醉倚妙高台上月，玉箫吹彻洞龙眠。

在场之人无不惊叹，于是又让他以“蔽月山房”为题作一首诗，王阳明随即朗声吟诵：

山近月远觉月小，便道此山大于月。

若有人眼大如天，还见山小月更阔。

由此可见，王阳明小时候就很聪慧，而且能够从辩证、多维的角度思考问题。

待十三四岁时，一次他与私塾先生讨论何为人生最要紧之事，王阳明说："最要紧之事是读书做圣贤。"这个回答被他的父亲王华知道了，气得不轻，心想这孩子太不务实、太狂妄了。作为状元的儿子，读书不应该是科举考试、光宗耀祖吗？

然而王华并不知道，王阳明这话并不是随便说说的，终其一生，他都在为此而努力。十八岁那年，王阳明拜访了当时的大儒娄谅，娄谅鼓励他说："圣人必可学而至。"意思是说，圣人的境界是可以通过学习达到的。

学什么呢？娄谅告诉王阳明，要学习南宋理学家朱熹所提倡的格物致知。此后，王阳明就开始全面阅读朱熹的书籍，思索格物致知的道理。他一边学习，一边思考，一边还要亲身实践。

怎么实践呢？他要"格"竹子。

既然朱熹说万事万物都可以格出天理，王阳明就想通过"格"竹子来了悟世间的真理。结果王阳明面对庭前的竹子，他"格"了七天七夜，不但什么道理也没"格"出来，反而因此大病一场。

"格"竹子最终失败了，也让王阳明对朱熹的"格物致知"产生了深深的怀疑。然而，圣贤之路他一定会坚持，但又该向何处去呢？

弘治五年（1492），王阳明第一次参加浙江乡试，考中了举人，然而在第二年会试时却名落孙山。到了二十五岁时，王阳明参加科举再次落榜，当时他的父亲怕他想不开，还开导他，他却说："你们以不登第为耻，我以不登第却为之懊恼为耻。"由此可见，王阳明与一般的读书人颇为不同。

直到王阳明二十八岁那年，他终于考中进士，步入仕途。在朝为官期间，王阳明一度对求仙问道产生了兴趣，他希望通过精研佛老之学达到圣贤的境界，结果没有成功。于是，王阳明转而学习修辞文章，希望在文学上达到一定的高度。然而有一天，他又觉得这也不是通往圣贤的正道。总之，在那段时间里，王阳明在通往圣贤的道路上左冲右突，始终不得要领。

弘治十八年（1505），明孝宗驾崩，十五岁的太子朱厚照继位，即明武宗。年轻的武宗不仅贪玩，而且对以刘瑾为首的八个太监非常宠信，号称“八虎”。当时，刘瑾等人引诱明武宗朱厚照胡作非为，甚至开始干预朝政。这让刘健、谢迁、李东阳等内阁大臣非常不满，于是他们纷纷上书弹劾以太监刘瑾为首的“八虎”。

事实证明，君子斗不过小人。很简单，因为君子做事会有一个底线，而小人往往毫无底线，做起事来无所顾忌。在随后的政治斗争中，刘健、谢迁被逼辞职，李东阳失势，太监们大获全胜。南京户科给事中戴铣、监察御史薄彦徽等人不畏权势，先后上书，坚持要求除掉刘瑾等人，召回刘健、谢迁等大臣。然而，他们也很快都被送进了监狱，落在锦衣卫的手里等候发落。

这时，身为六品小官的王阳明也上书抗争，请求释放大臣戴铣、薄彦徽。结果可想而知，王阳明被廷杖四十，投入天牢。在狱中，身心备受打击的王阳明开始反思自己，心想自己“文不成、武不就”，没有半点功业，也没能成为圣贤，而且身陷囹圄。一系列的挫折打击涌上心头，让他认为自己的一生非常失败，不禁升起了想要“一了百了”的念头。

但很快，王阳明就打消了这个念头，他意识到那是懦夫才会干的蠢事，寻死并不难，活下去才需要勇气。在后来的回忆录中，王阳明说他当时用温习《周易》的方式熬过了那段人生的低谷期。

其实我们每个人都会遭遇挫折，甚至人生的重大劫难。但往往低谷就是上升的开始，只要你不放弃，假若再能坦然面对低谷和苦难，那么你的内心就会在人生的低位蓄积平常难以蓄积的能量，直至冲破内心屏障、种种藩篱，让你迅速成熟，乃至脱胎换骨。

王阳明正是在那段黑暗的岁月迅速成长，人生逆袭的大戏即将开场。

正德二年（1507），明武宗下令释放王阳明，但是死罪可免、活罪难逃，朝廷将他贬为龙场驿的驿丞。于是，便有了本文开头的一幕，三十七岁的王阳明来到贵州修文的龙场驿，做了一个不入品的小小驿丞。

龙场不仅是生存的极限，更是王阳明心灵上的绝境。然而王阳明自从经过牢狱的黑暗，他便万事坦然，坦然接受了这人生的绝境，每天早起劳作，夜晚就在山洞中打坐冥想。

也许是身处绝境，让王阳明不得已放下了一切念想，“心死而道生”，他一朝顿悟，开创了影响后世几百年的阳明心学，史称“龙场悟道”。

从此以后，王阳明那瘦弱的皮囊里所包裹的灵魂就发生了质的改变，也为他人生晚年的“立言、立德、立功”奠定了基础。

此后王阳明开始在龙场驿这个偏僻的地方讲授心学。心学作为儒学的一个分支，最早可追溯至孟子，北宋时的“二程”为其开端，南宋时被陆九渊发扬，并与同时期的朱熹理学分庭抗礼。到了明朝时，王阳明通过进一步的钻研发展，进而开创了独树一帜的阳明心学。

阳明心学提出了知行合一的认识论，指出“知”和“行”并非对立，“知”就是“行”，“行”即是“知”。所谓“一念发动处，便即是行了”，所以“发动处有不善，就将这不善的念克倒了，须要彻根彻底，不使那一念不善潜伏在胸中”。

“知行合一”无疑对学者提出了更高的要求，也从根本上杜绝了“表面上一本正经，实则是一肚子男盗女娼”的假道学。

正德四年（1509）闰九月，王阳明谪戍期满，他离开龙场，来到庐陵（今江西省吉安市）担任知县。后来他又被召入京城，一度升任南京鸿胪卿。正德十一年（1516）八月，王阳明巡抚南、赣、汀、漳等地，在那里，他很快平定了困扰大明多年的南赣匪患。

正德十四年（1519），宁王朱宸濠在南昌起兵叛乱，荒唐的明武宗朱厚照觉得终于可以让他指挥大军，好好“玩”一把了。谁承想王阳明这个没有眼力见儿的，他竟然不待明武宗下令，三下五除二就平定了宁王的叛乱，这让皇帝非常不高兴。八年之后，王阳明以病弱之躯，率兵镇压了广西思恩和田州两地的叛乱，紧接着又剿灭了断藤峡的匪患。之后，王阳明肺病加重，自感时日无多，于是启程回乡。

明世宗嘉靖七年（1529），江西南安青龙浦的江面上，一条小船静静地停泊在岸边。船舱中，一代旷世先哲、心学圣人王阳明即将走完他的人生历程。临终前，弟子周积问：“先生有什么遗言？”王阳明以手指心，说：“此心光明，亦复何言？”说罢，溘然而逝，享年五十七岁。

王阳明生前曾教导他的弟子们说：“古代的张良、董仲舒、诸葛亮等大人物无一不是淡泊名利之人。为什么？因为他们的欲望少，所以才能把更多的精力专注在事业上。”

我们当下的许多人正是因为欲望过多，处处患得患失，很难心无旁骛地专心做事。因此，当我们发现自己的内心迷雾重重，失去了人生的方向时，王阳明可以成为我们最好的精神导师，让我们透过心中的迷雾，去探寻我们本有的那一份光明。

人物小传

王阳明（1472—1529），名守仁，字伯安，号阳明，又号乐山居士，浙江余姚人。明代杰出的思想家、文学家、军事家、教育家、书法家，有诗文集《王文成公全书》传世。王守仁生于贵宦之家，为明朝南京吏部尚书王华之子。明孝宗弘治十二年（1499）考中进士。因军功获封“新建伯”，成为明代因军功封爵的三位文臣之一。嘉靖七年（1529）逝世，明穆宗时追赠新建侯爵，谥号“文成”，万历十二年（1584）从祀于孔庙。王守仁是心学的集大成者，也是主观唯心主义代表人物。其思想学说以“心”为宗，提出“心即理”的命题，倡言知行合一说。阳明心学后传入日本、朝鲜等国。其弟子极众，世称“姚江学派”。清代学者王士祯称其“立德、立功、立言，皆居绝顶，为明第一流人物”。

才子篇

曹　植

“八斗才子”的命运悲歌

南北朝时期，南朝宋的大诗人谢灵运曾对天下人才做出过这样的评价：“天下才共一石，曹子建独得八斗，我得一斗，自古及今共用一斗。”这一评价衍生了一个“才高八斗”的成语，而这位才高八斗的大才子就是曹操的儿子——曹植。

汉献帝初平三年（192），曹植出生于东武阳（今山东省鄄城县），他是曹操与卞夫人的第三个儿子。曹植打小儿就聪明伶俐，反应机敏。长到十多岁时，他已经熟读《诗经》《论语》以及先秦两汉的辞赋，还学习了许多诸子百家的学说。

作为“乱世枭雄”曹操的儿子，曹植一母同胞的哥哥曹丕继承了曹操的实用主义和政治权谋，曹植则更多地继承了曹操的浪漫主义和文采风流。然而慧极易伤，聪慧绝伦的曹植从一出生就背负了太多沉重的东西。在那个分崩离析的乱世中，生于豪门的他从小就被寄予厚望。父亲给他取名为植，字子建，就是希望他长大之后能建立一番功业。

曹植果然没有让父亲失望，成年以后，他与哥哥曹丕都成为当时的大才子。作为建安文学的代表人物，曹植、曹丕与其父曹操并称“三曹”。曹操曾认为，在诸多儿子中，曹植最像自己的气质风范，也正因如此，他受到了父亲的悉心栽培，从青少年时代起，他就被父亲带在身边，随父亲一同出征。曹操希望借此磨炼他的意志，让他能够像自己一样文武双全。

在父亲的培养下，年轻的曹植意气风发，心中渴望成为一个像父亲那般扫清寰宇的大英雄。事实上，曹操也的确很看好曹植。但由于曹操的嫡长子曹丕同样很优秀，且年长于曹植，因而曹操在确立继承人的问题上，左思右想，始终难以下定决心。

公元217年，中原地带的黄河两岸发生了一场大瘟疫。这一年对于二十六岁的曹植来说同样多灾多难，先是刚刚半岁的女儿夭折于疫病之中，继而妻子崔氏由于衣着过于华丽，违背了曹操当时下达的“朴素令”，竟被下令处死。一连串的生离死别，再加上与哥哥曹丕之间的储位之争，让他渐渐心灰意冷。

于是曹植开始寄情于美酒，畅怀于山林。酒醉之后，他常常驱车在城内狂奔，那一刻，他的内心才能得到片刻安宁。一天深夜，醉意朦胧的曹植驱车来到魏王宫殿的司马门前。当时规定，只有天子或天子的使者才有资格进出司马门。但酒醉的曹植竟然不顾禁卫的劝阻，肆无忌惮地夜闯司马门，还在御道上一路狂奔。

这个夜晚，曹植借着浓浓的酒意彻底放飞了自我，他压抑已久的内心得到了释放，也亲手断送了自己的大好前程。曹操听说曹植夜闯司马门后勃然大怒，直接下令处死了主管宫门禁卫的司马令，也对曹植失去了信任。

之后，曹操作出决定，立曹丕为世子。

面对这样的结局，曹植陷入了无边的失落。然而，曹植毕竟是曹操曾经最看好的儿子，为了补偿曹植，不久后，曹操又加封曹植做了万户侯。这等于就是在告诉曹植，不要灰心，如果你能表现好点儿的话，还是有希望的。

很快，希望就来了。公元219年，刘备夺取了汉中之地，并派关羽北上伐曹。关羽一路所向披靡，水淹七军，斩庞德、擒于禁、围曹仁，曹魏面临着巨大的危机。值此危难之际，曹操任命曹植为南中郎将、行征虏将军，率兵南下驰援曹仁。这道任命充满玄机，也让当时的所有人感到迷惑，这是曹操给曹植的机会吗？

此时的曹丕内心极度紧张，为了巩固自己的世子之位，他很快就想到了一个主意。他先是对曹植予以深情的勉励，并诚挚邀请曹植在出征之前来世子府畅叙兄弟之情。

于是在出征的前夜，曹植满怀欣喜地来到了哥哥曹丕的府邸。然而，他不知道的是，从此他将万劫不复。对于这一夜发生的事情，《三国志》的记载比较简单，当时身负曹操厚望的曹植在出征的前夕竟然喝得酩酊大醉，以至于第二天不能受命出征。这让曹操对他失望透顶，从此曹植彻底失去了争储的机会。

一年后，曹操在洛阳病逝。身为世子的曹丕顺理成章承袭了曹操的爵位。不久，急不可耐的曹丕逼迫汉献帝禅位给自己，改国号为“魏”，曹丕便成为曹魏的开国皇帝。

之后，曹植的好友以及诸多幕僚，都被曹丕诛杀。随后他又被数次改封、迁徙，处处遭受压制和打击。公元221年，曹丕的皇后甄宓去世。传说，曹植与甄宓最初两情相悦，不料后来被曹丕抢了先机，夺得佳人。尽管如此，曹植内心始终对甄宓念念不忘。

甄宓死后，恰巧曹植入朝觐见，当时甄宓的儿子曹睿宴请叔叔曹植，在席间就把母亲甄宓用过的玉枕送给了曹植。曹植睹物思人，不免潸然泪下。几天后，他带着玉枕，返回自己的封地。途经洛水的夜晚，他梦到与甄宓相会于洛水之滨，于是有感而发，写下了《感甄赋》。后来曹睿读后，将题目改成了《洛神赋》。

曹植在赋中这样描写宓妃：“翩若惊鸿，婉若游龙。荣曜秋菊，华茂春松。仿佛兮若轻云之蔽月，飘飖兮若流风之回雪。”在曹植的眼中，宓妃柔情绰约，温婉淑容，宛若天上的仙女。他想到自己与甄宓当初只因一道宫墙相隔从此音信杳无，再次入宫却已是天人两隔。一时之间，曹植的内心无比悲恸，再加上自己渺茫的前途，于是这《洛神赋》写的字字都充满深情，句句都令人动容。

离开了洛水，一路悲伤的曹植来到封地——鄄城。然而没过多久，他又被改封到更加贫瘠的雍丘（今河南省杞县）。面对自己颠沛流离的处境，曹植的内心苦闷至极，他空负一身才华，却只能频繁辗转于一座座小城之间。

然而，即便曹植已经如此落寞，曹丕依旧对他放心不下。公元223年，魏文帝曹丕召集一众曹氏藩王来京宴饮，酒宴之中，曹丕忽然宣布要玩一个游戏，他要求曹植当场赋诗一首，诗的主题要表达兄弟之情，却又不能出现与兄弟相关的字眼。为了增加难度，曹丕还要求曹植在七步之内必须成诗。

看着大殿之上的侍卫个个手持兵器，宴席之上弥漫着一片肃杀之气，曹植战战兢兢地迈出了脚步，只见他凄然唱道：

煮豆燃豆萁，豆在釜中泣。

本是同根生，相煎何太急？

曹丕听后，心中也不免有所感触，于是他放下了杀心，这才免除了一场兄弟阋墙的喋血惨剧。

公元226年，曹丕病逝，太子曹睿继位。在诸多侄儿中，曹植最疼爱的便是曹睿。他性格沉静、好学聪敏，而且还是甄宓所生，曹植为侄儿曹睿当上皇帝感到由衷的高兴。他不觉在心中充满期待，觉得自己多年被压制的雄才伟志终于有望施展了。

然而，命运再次和他开了个玩笑。尽管他多次上书请求任用，但曹睿始终只是口头上给予嘉许，心底里仍旧处处提防着自己的叔叔曹植。

无奈之下，曹植只能优游山林、寄情于酒，任凭光阴磨蚀他残破的生命。

公元229年，三十八岁的曹植又被徙封东阿。三年之后，他再被改封陈王。当年十一月，才华横溢的曹植在备受压抑的境遇中离开了人世，年仅四十一岁，遵其遗愿，他被葬于东阿鱼山。

至此，才高八斗的曹植终于解脱了，再也不必郁郁寡欢、怀才不遇了。他的才情、他的抱负，都随着建安时代的落幕而去了，只留下《洛神赋》里的句子还在千年传诵。

人物小传

曹植（192—232），字子建，沛国谯（今安徽省亳州市）人，曹操之子，魏文帝曹丕之弟。生前曾封陈王，逝后谥号“思”，因此又称陈思王。三国时期著名文学家、诗人、音乐家。

曹植少年早慧，深受曹操宠爱，几欲立为世子。曹操死后，曹丕、曹叡相继称帝，之后的十几年里，曹植多次被迫迁徙封地，初封平原侯，后徙临淄侯，之后被贬为安乡侯，又徙封陈王，最终因备受压制，郁郁死于壮年。

曹植在建安诗坛上有较高的成就。他在汉乐府古诗的基础上，对五言诗的发展做出了重要贡献。前期诗歌洋溢着乐观、浪漫的情调，后期因为生活突变而诗风转变，充满忧虑、抑郁和悲伤。散文和辞赋的成就斐然，尤以《洛神赋》《铜雀台赋》《与吴季重书》《求自试表》等为历代传诵名篇。其诗文作品后人辑有《曹子建集》。

王　维

从多才状元到田园诗人

中岁颇好道，晚家南山陲。

兴来每独往，胜事空自知。

行到水穷处，坐看云起时。

偶然值林叟，谈笑无还期。

这是唐朝大诗人王维在隐居终南辋川时，写下的一首五言律诗——《终南别业》，这首诗颇具禅意，意象深远，被世人传诵了千年。

一直以来，王维都给人一种闲淡高雅的感觉。相比李白的狂傲浪漫，杜甫的深沉悲怆，他似乎过于恬静安逸、波澜不惊。尤其人到中年，经历过生活的种种捶打，会越发地喜欢王维。当你细细品读王维笔下的那些佳句——“泉声咽危石，日色冷青松”“人闲桂花落，夜静春山空”“明月松间照，清泉石上流”，这些清冷幽逸的诗句，禅韵悠长，颇为打动人心。

公元701年，王维生于山西永济，他出身名门，且天资聪颖。他的家族是当时五大望族之一太原王氏的分支河东王氏，而他的母亲则来自另一个望族——博陵崔氏。虽然他们王家在唐太宗时期就已经走向没落，但这并没有改变王维血液里那与生俱来的高贵。

王维的爷爷王胄曾担任朝廷的乐官，因此他继承了爷爷的音乐天赋。据说他在少年时，随便拿起一种乐器，就能弹奏出各种动听的旋律。王维的母亲擅长丹青，尤其是水墨画，而他的父亲擅长诗文歌赋。

这样的家庭环境和文化氛围，陶冶了王维在文学艺术方面的性情。然而不幸的是，王维九岁那年，父亲病故。失去了家中的顶梁柱，王家的日子渐渐变得艰难。

为了生活下去，王维的母亲解散了家中的奴婢，又变卖了家产，然后带着王维和他的弟妹们，回到了娘家蒲州（今山西省永济市）。所以我们今天说起王维是哪里人的时候，一般都会说他是山西永济人。

十五岁时，已长成翩翩公子的王维只身来到繁华的东都洛阳，后来又向西游历了京城长安、咸阳等地。少年壮游的王维，在这期间充满激情地写下了一组《少年行》，其中第一首更为世人传诵：

新丰美酒斗十千，咸阳游侠多少年。

相逢意气为君饮，系马高楼垂柳边。

一千多年前的大唐，是个讲究颜值的时代。王维俊雅帅气、风度翩翩。王维有多帅呢？唐人笔记中描述他“妙年洁白、风姿郁美”，真正是“陌上人如玉，公子世无双”。

公元721年，二十一岁的王维结交了李唐皇室岐王李范，随后他经常出入于热闹的岐王府中。当时，岐王府上每天都聚集着大量的皇室贵胄、才子名流，他们在日夜的欢宴中，诗酒酬唱。

在岐王府上，王维有缘结识了尊贵的玉真公主。玉真公主是唐玄宗李隆基一母同胞的亲妹妹，身份尊贵无比。她国色天香，又雅好音乐。在岐王李范的安排下，风度翩翩的王维怀抱琵琶，一袭白袍，为玉真公主献上了一曲《郁轮袍》。款款琵琶声中，玉真公主对王维不觉一见倾心。

之后不久，玉真公主特意为王维在自己的府上安排了一场酒宴，还让他坐在宾客的上首，为的就是向在场的达官贵人推荐年轻的才子王维。于是很自然的，在开元十九年（731）的科举考试中，王维一举夺魁，成为这一届科举最年轻的进士，也是盛唐时期最年轻的一位状元郎。

今天很多人都喜欢王维，不仅因为他的才情、他的俊美以及气质的高雅，还因为他有着一颗善良而柔软的心。当时王维除了与岐王相善，也与宁王经常往来。相传，宁王曾经纳了一位绝色美姬，那美姬原本与丈夫一起在街上卖烧饼，因为姿容姣美，被宁王看中。于是，宁王便以重金诱逼，迫使卖饼的丈夫将她卖给了宁王。

一年后，在一次酒宴上，醉醺醺的宁王特意问她："你还想念你那个在街上卖饼的丈夫吗？"那女子没有回答，低头不语。宁王见状，便命人把她的丈夫召到了府中。曾经的夫妻二人相会于宁王的府上，那女子不敢相认，只是默然垂首，双泪两行。当时整个府上，"座客十余人，皆当时文士，无不凄异"。

宁王对在场的宾客说，以此为题，大家赋诗一首。于是，王维率先写成一首《息夫人》：

莫以今时宠，而忘昔日恩。

看花满眼泪，不共楚王言。

宁王读罢，不禁为之动容，于是又把那名美姬还给了她那卖饼的丈夫。

后来，王维步入仕途，他被任命为太乐丞，相当于今天的国家级乐团团长。谁料没几个月，就因为属下的伶人犯了过失，王维被连累贬到济州（今山东省济宁市），担任一个管理仓库的从八品小官——司仓参军，这是王维第一次品尝到仕途的艰辛。

屋漏偏逢连阴雨，在王维三十岁的时候，他的妻子又因为难产而死，连孩子也胎死腹中。同时失去了爱妻与亲生骨肉，肝肠寸断的王维痛彻心扉。此后他没有再娶，孤独一生。

为了排遣忧伤，王维独自游历江南，青山绿水渐渐抚平了他心头的累累伤痕。

那段时间，他在游历中写下了大量诗歌，比如这首著名的《山居秋暝》：

空山新雨后，天气晚来秋。

明月松间照，清泉石上流。

竹喧归浣女，莲动下渔舟。

随意春芳歇，王孙自可留。

公元735年，王维得到当朝宰相张九龄的赏识，提拔他为右拾遗。这让王维得以回朝为官，此后他顺风顺水，一直晋升到给事中的高位。不过王维生性散淡，他一直过着半官半隐的生活。

王维喜欢安静，当时他在长安东南的辋川买下前朝诗人宋之问的别墅。经过王维的一番修葺，那里成了他的世外桃源。于是他奉养母亲在辋川别业，而自己也在休沐之时常常回到辋川，徜徉于山水田园之间。

辋川别业的日子是王维一生中难得的悠闲时光，然而岁月静好的日子总是太短。公元755年，安史之乱爆发，京城动荡不安，王维的命运也随之出现重大的波折。

安史之乱的第二年，叛军攻入了长安城，王维等一批大臣被叛军俘虏。由于王维的名声太大，随后他被押赴安禄山驻军的洛阳，并被拘禁在菩提寺，还强迫他担任伪官。然而王维始终将自己视为大唐的臣子，只是他身不由己。有一次，安禄山等叛贼与降官在洛阳禁宫的凝碧池欢宴歌舞，此情景不禁触动了王维对昔日盛唐的种种思念，于是他写下一首《凝碧池》：

万户伤心生野烟，百僚何日更朝天。

秋槐叶落空宫里，凝碧池头奏管弦。

公元757年，唐军收复了长安、洛阳，唐肃宗返回了京城，他处死了许多从前接受安禄山伪职的官员。而王维因为写下感伤大唐的《凝碧池》，唐肃宗对他网开一面，没有追究他担任伪官的过错。

经此一劫，王维愈加看淡了荣辱得失。几年后，他辞去官职，回到辋川闲居，自号摩诘居士。后来，他还将其悉心经营多年的辋川别业捐给了寺院。从此，古佛青灯，吃斋诵经，写诗绘画，以一颗空寂之心，衰享残年。

公元761年，王维预知时至，他从容写信和各位好友告别，然后在平静与豁然的状态中安然离世。他死后被安葬于辋川，墓前是他生前亲手栽植的一株银杏，如今已有一千多年。每到深秋时节，那株银杏满树金黄，伴着辋川的风，银杏叶簌簌作响，仿佛在静静吟唱王维的诗句：

野花丛发好，谷鸟一声幽。
夜坐空林寂，松风直似秋。

人物小传

王维（693或701—761），字摩诘，号摩诘居士，河东蒲州（今山西省永济市）人，祖籍山西祁县。唐朝杰出的诗人、画家，为山水田园派诗人代表。存诗四百余首，著有《王右丞集》《画学秘诀》等。

王维出身太原王氏分支河东王氏，开元十九年（731）状元及第，历官右拾遗、监察御史、河西节度使判官。唐玄宗天宝年间，拜吏部郎中、给事中。安禄山攻陷长安时，被迫受伪职。长安收复后，王维被责授太子中允，后官至尚书右丞。上元二年（761）七月去世。

王维不仅参禅悟道，还精通诗、文、书、画、乐等。以诗名盛于开元、天宝年间，尤善五言。其诗多咏山水田园，与孟浩然合称“王孟”，有“诗佛”之称。其文清空淡雅，余韵绵长。其书画特臻其妙，后人推其为南宗山水画之祖。苏轼评之曰：“味摩诘之诗，诗中有画；观摩诘之画，画中有诗。”

李　白

大唐诗坛最耀眼的明星

公元701年，伟大的浪漫主义诗人，被后世誉为“诗仙”的李白出生在今天吉尔吉斯斯坦的托克马克市。诗人余光中曾经这样描写李白：“酒入豪肠，七分酿成了月光，余下的三分啸成剑气。绣口一吐就半个盛唐。”

李白曾有诗云：

> 本家陇西人，先为汉边将。
> 功略盖天地，名飞青云上。
> 苦战竟不侯，当年颇惆怅。

从李白的诗中可知，他的祖籍为陇西成纪（今甘肃省秦安县），先祖就是西汉著名的飞将军李广。隋朝末年，天下纷争，世道大乱，李白的祖上为了躲避战乱，迁居到了中亚的碎叶，也就是今天吉尔吉斯斯坦的托克马克市一带。武则天长安元年（701），李白就出生于碎叶城中。

到了李白五岁的时候，他的父亲李客带着全家几十口人辗转来到四川，定居在今天江油市的青莲乡。当时，他们家在四川经营码头生意，家境颇为富裕。作为名副其实的“富二代”，李白从小不差钱，也养成了他挥金如土的习惯。他后来的诗歌中多有描写一掷千金的豪放画面，比如：“天生我材必有用，千金散尽还复来”，“金樽清酒斗十千，玉盘珍羞直万钱”，甚至“五花马、千金裘，呼儿将出换美酒”！

啥意思？

五花马，相当于今天的超级豪车。千金裘，就是价值千金的貂皮大衣。喝得开心了，把豪车拿去，把貂皮大衣拿走，换了酒钱继续喝！就是这么任性，谁让他们家有钱呢！

这样的家庭条件，也养成了李白率性傲气的性格。他喝醉了，想睡觉了，就会对朋友直接说："我醉欲眠卿且去。"就是说："我喝醉了，你走吧！"这做派，够率性！

他这样的性格，也只能出现在中国历史上最开放、最包容的大唐盛世。

公元725年，二十五岁的李白离开家乡，出川游历。他先是到了长江一带，而后南浮洞庭，北游襄汉，东上庐山，接着去往金陵扬州，最后又去了汝南（今河南省驻马店市）一带。他东游西荡，肆情山水，尽享华夏大地的山川美景。

这次游历，李白一共走了多长时间呢？从开元十三年（725）到开元十五年（727），前后将近三年时间。那么，这段"仗剑去国，辞亲远游"的日子，李白是靠什么生活的呢？

李白说自己出门的时候带了三十万金。"三十万金"，估计有点吹牛了，不过他出门的时候应该是带了很多钱。结果到了第二年的秋天，他带的钱就已经"造"得差不多了。当时李白客宿于扬州的旅馆，不巧那个时候又生了病，所以就很想家。他抬头凝望天上的一轮明月，不禁涌起思乡之情，于是就有了这首《静夜思》：

床前明月光，疑是地上霜。

举头望明月，低头思故乡。

公元727年，李白在好友孟浩然的介绍下，去了湖北的安陆，在当地声望显赫的前朝宰相许圉师的府中，他见到了许圉师的孙女许紫烟，不觉一见钟情，于是他写下一首诗：

日照香炉生紫烟，遥看瀑布挂前川。

飞流直下三千尺，疑是银河落九天。

这首诗被好友孟浩然看到了，见到诗中的“紫烟”二字，他立刻明白了李白的心意。于是，在孟浩然的撮合下，李白入赘到许家，娶了许圉师的孙女许紫烟，做了一名赘婿。婚后，小两口恩恩爱爱，很快就生下了一子一女，儿子取名伯禽，小字明月奴，女儿唤作平阳。

虽说李白娶到了许大小姐，但怎么说都是倒插门儿，再加上许家是官宦之家，尽管李白的家里“不差钱”，然而在当时，商人只是士、农、工、商的末流，所以多少有点门不当、户不对，他其实过得挺难受的。于是，在婚后的第三年，李白就来到了长安，求取功名。

来到长安后，李白先是在终南山附近住了下来。凭借自己的才华，还有许家的人脉资源，李白很快就在长安结交了一批达官贵人。但在接下来的整整一年时间里，李白并没有得到朝廷的赏识。见求取功名无望，无奈之下，他只好离开了长安，回到了湖北安陆。这是李白第一次入长安。

大约是李白婚后的第十二年，妻子许氏不幸病逝。此后，李白带着一双儿女，迁居到了鲁郡任城县（今山东省济宁市任城区）。当时李白搬家到任城，一来是投奔一位做生意的族兄，二来据说是为了向当时的大剑客裴旻学剑。裴旻的剑术有多高超呢？后来在唐文宗时期，人们把李白的诗，张旭的草书，还有裴旻的剑舞，并称为“大唐三绝”。

李白能够拜师裴旻，可见他的剑术也不差，所以他才能写出“十步杀一人，千里不留行。事了拂衣去，深藏身与名”这样豪气冲天的诗句。

然而搬家到山东没多久，李白很快就待不下去了。原因是他口无遮拦，写了一篇嘲讽当地读书人的《嘲鲁儒》，这首诗传扬开来，得罪了很多山东的文人，以至于被当地人驱赶。不得已，他带着一双儿女去了南陵（今安徽省芜湖市一带），在那里做起了贩卖铜精的生意。

然而，大大咧咧的李白哪里是做生意的料，他在南陵并没有赚到什么钱。再加上他粗粗刺刺的，不会照顾自己，身边还带着一双儿女，这日子过得就颇为不易。这种情况下，李白在南陵，又续娶了刘氏，然而不久，刘氏又与人私奔了。

那个时候的李白，估计是相当郁闷。于是他把一双儿女寄放在南陵的亲友家，自己则南下会稽，和道士吴筠一同隐居在浙江的剡山中修道。那是李白人生的低谷，苦闷又彷徨。

不久之后，李白的好运就来了。由于与他一同隐居的道士吴筠被朝廷征召到京城长安，随后，在贺知章、吴筠以及玉真公主等人的大力举荐下，朝廷很快派了使臣，征召李白进京。于是，就有了李白第二次入长安。

客观而言，李白是个缺乏理性的人，完全不是当官的料，可他却一直自我感觉良好，甚至时常自比诸葛亮、管仲这样的人物。他觉得自己一出山就是要做宰相的，所以当他得到朝廷的征召后，便回到南陵安顿儿女，还写了一首《南陵别儿童入京》，末尾不无得意地写道："仰天大笑出门去，我辈岂是蓬蒿人！"

来到京城长安，李白受到唐玄宗的召见，担任翰林供奉，相当于皇帝的文学顾问或秘书。李白一向认为自己是要建功立业的，他要"为君谈笑静胡沙"。可惜在皇帝的眼中，李白和乐师李龟年、宫廷里的那些梨园子弟本质上并无差异，就是个解闷的工具。加上李白的性格还如此孤傲，藐视权贵，甚至连九五之尊的皇帝都不放在眼里，他的"迷弟"杜甫曾这样说他："天子呼来不上船，自称臣是酒中仙。"

所以，李白在长安仅仅待了短短两年，由于高力士、杨国忠、杨玉环都不喜欢他，李白最终被唐玄宗"赐金放还"，离开了长安。

离开长安的李白一路游历，在途经河南开封的时候，他写了一首《梁园吟》。因为这首诗，让他与另一位前朝宰相宗楚客的孙女宗氏有缘相识，也促成了李白与宗氏女的金玉良缘。有意思的是，李白这一次还是倒插门，他入赘宗府，又给宗家做了上门女婿。

这段婚姻应该是李白一生中最幸福的日子，宗家虽然已经没落，但毕竟曾是宰相之家，因此日子倒也优渥清闲。然而梁园日短，好梦易逝，十一年后，安史之乱爆发，战乱打碎了李白的悠闲岁月。之后，他与宗氏女一同来到庐山隐居避难。

兵荒马乱的年月本来已经很难了，谁料想两年后，素来没有政治头脑的李白又站错了队，他受永王李璘的征召，出山来到永王的帐下供职。结果，万万没想到的是，李白因为永王李璘的叛乱失败而锒铛入狱。这一年，李白已经五十七岁了。

尽管妻子宗氏女想尽一切办法为李白斡旋，最终李白还是被流放夜郎（今贵州省桐梓县）。直到公元759年，朝廷因关中大旱大赦天下，李白才在经历多年的颠沛流离后，终于又重获自由。返回的途中，他顺江而下，写下了那首著名的《早发白帝城》：

朝辞白帝彩云间，千里江陵一日还。

两岸猿声啼不住，轻舟已过万重山。

三年后，贫病交加的李白病死于安徽当涂，享年六十二岁。但人们出于对李白的喜爱，总希望他的结局能够配得上他的浪漫。于是，人们编造了李白因为醉酒捞月而死的说法，让他在明月之下，酒醉之中，“以手弄月”，不幸溺水而亡。实际上，李白的死一点都不浪漫，贫病交加，客死异乡。

然而无论怎样，李白为我们留下了华美的文章、锦绣的诗篇。他就像一颗流星，用那倏忽一瞬的璀璨光芒照亮了延绵不绝的中华文化，让我们在千年后还能记住那些美好的诗句和盛世的大唐：

谁家玉笛暗飞声，散入春风满洛城。

此夜曲中闻折柳，何人不起故园情。

人物小传

李白（701—762），字太白，号青莲居士，生于西域碎叶（今吉尔吉斯斯坦托克马克市），一说出生于蜀郡绵州昌隆县（今四川省江油市青莲镇），祖籍陇西成纪（今甘肃省秦安县），自称凉武昭王李暠九世孙。唐朝伟大的浪漫主义诗人，又号“谪仙人”，后世称“诗仙”。

李白自小好读书击剑，为人爽朗，乐于交友，爱好饮酒作诗，与贺知章、苏晋、张旭等人过从甚密，时称“饮中八仙”。移家东鲁时，曾与山东名士孔巢父、韩准等人隐居徂徕山下的竹溪，纵酒酣歌，啸傲泉石，号“竹溪六逸”。后受唐玄宗李隆基赏识，担任翰林供奉，赐金放还后，游历全国。

唐肃宗即位后，卷入永王之乱，流放夜郎，辗转来到族叔、当涂县令李阳冰家。上元三年（762）去世。李白所作诗赋，风格豪迈奔放，清新飘逸，想象瑰丽，富于强烈的主观抒情色彩，在中国诗歌史上享有极为崇高的地位，传世名篇佳作极多。

杜　甫

俯首尘埃里，眉攒万国愁

相比诗仙李白的浪漫洒脱，诗圣杜甫仿佛总是有着数不尽的忧愁。殊不知，杜甫也曾是万众瞩目的少年天才、春风得意的青年才俊。他年轻时也写了许多浪漫豪放的锦绣诗篇，比如他二十四岁时写的《望岳》：

岱宗夫如何？齐鲁青未了。

造化钟神秀，阴阳割昏晓。

荡胸生层云，决眦入归鸟。

会当凌绝顶，一览众山小。

这样豪气干云的诗句，你根本想不到会是那个眉头紧蹙的杜甫写的，而杜甫之所以后期文风突变，实在是因为他后半段的人生际遇过于悲惨。

公元712年，杜甫出生在巩县（今河南省巩义市西南），他比李白和王维小十一岁，将近一轮。要说杜甫的出身，那绝对是世家大族，比李白的出身要强上许多。他的远祖能追溯到汉武帝时期的御史杜周，先辈中有灭了吴国的晋朝名将杜预，而他的祖父杜审言是初唐时期著名的诗人，与李峤、崔融等人齐名。

不仅如此，杜甫的母亲与王维的母亲属于同一个名门望族，五姓七望之一的博陵崔氏。

所以说，少年时期的杜甫，家境优渥、学养深厚。而他从小也展现出了极高的天赋，他曾在诗中说自己：

七龄思即壮，开口咏凤皇。

九龄书大字，有作成一囊。

他说自己七岁的时候就能写出漂亮的诗句，九岁时的作品都一箩筐了，可见杜甫就是妥妥的神童一枚。到他十四岁的时候，更是被当时的人称赞说可比班固、扬雄。

常言道：读万卷书，不如行万里路。成年后的杜甫，离开家乡，到东都洛阳游历。由于他才名远播，很快就成了岐王府里的座上宾。而他来往结交的，都是像音乐家李龟年、书法家李邕、诗人王翰这样的名人高士，可谓是往来无白丁。

后来，杜甫又去了山西、江南、山东等地游历，著名的诗作《望岳》就是他在山东游历时写下的。公元744年，这一年的中国文学史上发生了一件大事，唐代最有名的三位诗人，李白、杜甫、高适在游历的途中相遇了。

当时，“谪仙人”李白被唐玄宗“赐金放还”，从长安黯然离开，途经东都洛阳时遇见了正在洛阳游历的青年书生杜甫。两人相遇后，一见如故，于是他们继续同游梁、宋之地（今河南省开封市、商丘市一带）。在途中，他们又遇见了另一位诗人——高适，于是三位志趣相投的诗人一路同行，纵酒狂歌，这被称作中国文学史上的一个盛景。

后来高适有事提早离去，杜甫也因家中外祖母去世而和李白暂时分别，后来与李白再次同游。那是青年杜甫人生中一段难忘的优游岁月，他尽情地挥洒着满腔豪情。但天下没有不散的宴席，山东曲阜的石门山，成为两位诗人最后一次同游的地点。在一个秋高气爽的日子，杜甫和李白在石门山把酒话别。临别之际，杜甫写了一首《赠李白》：

秋来相顾尚飘蓬，未就丹砂愧葛洪。

痛饮狂歌空度日，飞扬跋扈为谁雄？

大意是说咱们再次相逢在秋天，但各自依旧过着漂泊的生活。诗中，杜甫把李白比成得道的葛洪。在杜甫看来，李白超脱世俗、诗酒问道，这一点他自愧弗如。但是最末两句，杜甫却对两人“痛饮狂歌”和“飞扬跋扈”的生活产生了反思，诗中反思：我们如此浪迹天涯、蹉跎岁月，为的是什么呢？这样漂泊下去行吗？

杜甫的人生理想，来自儒家理念，就是通过入仕为官，辅佐帝王，为苍生百姓谋福利，而此时的李白却早已厌倦了仕途沉浮，一心只想着浪迹天涯。虽然由于理想抱负的不同，最终两人踏上了各自不同的道路，但时间和距离并未改变两人的情谊，也从未阻断杜甫对李白的怀念之情。

公元747年，杜甫到长安参加科举，可惜再度落榜。这年他三十五岁了，这已经不是杜甫第一次科举失利，他在二十四岁时，就落榜过一次。毕竟唐朝的科举难度很大，考几次是常有的事。但这一次的落榜，却让杜甫心绪难平。当时参加科举考试的学子们发现，这一届考试中权相李林甫有舞弊的行为。于是，学子们约好了要在殿试时，向唐玄宗揭露权相李林甫的贪腐。

李林甫得知此事，怕自己相位不保，于是暗中做手脚，让所有的考生都失去了殿试的资格。当时唐玄宗奇怪地问李林甫，怎么一个能参加殿试的学子都没有呢？

李林甫厚颜无耻地向唐玄宗禀报：“野无遗贤。”意思是说，天下的贤才已经全都被朝廷招揽尽了，本朝已经没有遗漏的人才了。这场“野无遗贤”的闹剧，开启了杜甫悲催的岁月，也让杜甫的诗风有了很大转变。

此后的岁月里，杜甫为了实现自己的理想，寄寓在长安城的少陵原，做了一名长安客。他来回奔走，却难求得一官半差。此时他的父亲已经去世，杜甫失去了经济上的支撑。更糟糕的是，他还身患痁疾，身体状况越来越差，当时他的生活来源，除了朋友接济，就是自己种点草药。为了减少开支，妻儿被他安置在奉先（今陕西省蒲城县），杜甫则孤身住在长安。

此时的杜甫再也没了年轻时的意气风发，只剩下“满面尘灰烟火色”和病恹恹的躯壳。但也正是从这个时期开始，杜甫的诗风开始向着沉郁、悲怆的“诗史”转变。他开始转头看向生计艰难的百姓，写下了许多忧国忧民的诗篇。当他看到朝廷为征伐南诏抓壮丁时，他写下了《兵车行》：

车辚辚，马萧萧，行人弓箭各在腰。

耶娘妻子走相送，尘埃不见咸阳桥。

后来，唐玄宗越发穷兵黩武，不顾百姓死活，他写下了《前出塞九首》，其中说：

杀人亦有限，列国自有疆。

苟能制侵陵，岂在多杀伤！

天宝十四载（755），安史之乱的前夜，杜甫终于被授职河西尉。这个职位并不是他的从政意愿，在杜甫的请求下，朝廷随后又改任他为右卫率府兵曹参军，这是一个从八品的末流小官。获得人生的第一个官职后，杜甫不无自嘲地写了这首《官定后戏赠》：

不作河西尉，凄凉为折腰。

老夫怕趋走，率府且逍遥。

耽酒须微禄，狂歌托圣朝。

故山归兴尽，回首向风飙。

这一年，杜甫已经四十四岁了，从他初到长安至今，已经十年。为了生计，杜甫只得接受了这样的职位，无论怎样，毕竟是有了俸禄。但就在杜甫的生活眼看有了点儿转机时，噩耗却接踵而至。

当他去奉先接妻儿时，刚进家门就听到了哭泣声，原来是自己的小儿子因为累月缺食，在自己回家的前两天不幸饿死了。丧子之痛，让杜甫深深自责，他写了一首《自京赴奉先县咏怀五百字》，其中写道：

所愧为人父，无食致夭折。

岂知秋禾登，贫窭有仓卒。

生常免租税，名不隶征伐。

抚迹犹酸辛，平人固骚屑。

杜甫在诗中不由得悲叹，自己好歹还是个官员，却养不活一家人。那老百姓们又过着怎样的悲惨生活呢？就在杜甫丧子之痛尚未抚平之际，一场蔓延整个北方与中原的战乱——安史之乱继而爆发。面对山河破碎、百姓流离，杜甫悲从中来，他写下了《春望》：

国破山河在，城春草木深。

感时花溅泪，恨别鸟惊心。

烽火连三月，家书抵万金。

白头搔更短，浑欲不胜簪。

公元757年，大将军郭子仪带领军队来到长安北郊。杜甫听说后，趁机冒险逃出了京城，投奔刚刚登基不久的唐肃宗。因他的忠心耿耿，肃宗授予他左拾遗的官职。但很快，由于他刚直的性格，又被贬官，后来不再被肃宗录用。

此后的杜甫彻底断了做官的念头，公元759年，他离开了自己生活多年的长安，举家迁到蜀郡成都。在成都，杜甫在好友，时任成都尹、剑南节度使的严武幕中担任参谋。在严武的资助下，他在城西的浣花溪畔修建了一所居处，名曰“浣花草堂”，后世称为“杜甫草堂”。

今天成都的浣花草堂已经成了旅游的胜地，被修建得典雅别致，每到春天时节，浣花溪畔百花开放，游人如织。然而在一千二百多年前，杜甫一家人当年居住的浣花草堂仅仅就是一座破旧的茅屋，他曾写有《茅屋为秋风所破歌》，其中前几句记录了当时他艰难窘迫的生活状况：

八月秋高风怒号，卷我屋上三重茅。

茅飞渡江洒江郊，高者挂罥长林梢，下者飘转沉塘坳。

公元765年，杜甫的好友严武因病去世，蜀郡也陷入了危机。失去依靠的杜甫不得不离开成都，一路辗转，最后来到夔州（今重庆市奉节县），在新上任的夔州都督柏茂琳的周济下，杜甫买了四十亩的果园，生活才暂时安定了下来。在夔州那段相对安宁的岁月，杜甫的创作进入了一个井喷期，短短两年内，他竟创作了四百多首诗。

公元768年，久居他乡的杜甫思乡心切，打算回河南老家看看。他乘船出峡，路过洞庭湖，登上了闻名已久的岳阳楼。登高远眺，面对烟波浩渺的洞庭湖，杜甫想到自己多年的飘零与磨难，感慨之下不禁痛哭流涕，于是就有了《登岳阳楼》：

昔闻洞庭水，今上岳阳楼。

吴楚东南坼，乾坤日夜浮。

亲朋无一字，老病有孤舟。

戎马关山北，凭轩涕泗流。

公元770年，一个凛冽的寒冬，身染重病的杜甫病逝于由潭州驶往岳阳的一条小舟之中，享年五十九岁。他的一生颠沛流离，最终也死于贫病交加的途中，而他的忧国忧民之情，历经千载，至今仍旧让人深深动容。

人物小传

杜甫（712—770），字子美，自号少陵野老。祖籍襄阳（今属湖北），自其曾祖时迁居巩县（今河南省巩义市西南）。唐代伟大的现实主义诗人。其传世作品大多集于《杜工部集》。

杜甫自幼好学，知识渊博，颇有政治抱负。唐玄宗开元后期，举进士不第。后寓居长安十年，生活贫困。安史之乱爆发、长安失陷后，曾被困城中半年，后逃至凤翔，被唐肃宗拜为左拾遗，世称“杜拾遗”。长安收复后，杜甫被外放为华州司功参军。其间创作了“三吏”“三别”等名作。后在剑南节度使严武幕中任参谋，被授为检校工部员外郎，故又称“杜工部”。晚年携家出蜀，于大历五年（770）冬在辗转途中逝世，享年五十九岁。

杜甫诗歌诸体皆能，尤擅长律诗，多沉郁顿挫之气；语言精练，思想情感真切，成就与李白比肩，合称“李杜”。后世尊称他为“诗圣”，称其诗为“诗史”。

白居易

一生为情所困的“国民诗人”

在西安南郊终南山北麓的凤凰山上，矗立着一座唐代古刹、律宗祖庭——净业寺。唐代大诗人白居易去世后，人们在净业寺附近修建了他的衣冠冢以志纪念，至今留存。

元和元年（806），一个大雪纷飞的冬日，白居易和好友陈鸿、王质夫同游仙游寺。其间谈及唐玄宗与杨贵妃的爱情故事，不禁感慨万千。在王质夫的提议下，白居易创作了《长恨歌》，其中有言：

在天愿作比翼鸟，在地愿为连理枝。

天长地久有时尽，此恨绵绵无绝期。

这首《长恨歌》写得凄婉柔情，讲述了唐玄宗与杨贵妃的爱情悲剧。然而大家不知道的是，白居易的这首《长恨歌》不仅写给唐玄宗和杨贵妃，也是写给他自己的。他一生的爱情经历，如同《长恨歌》一般，可谓绵绵长恨、无尽的悲愁。

白居易是河南新郑人，大历七年（772）出生于一个中小官僚家庭。他出生的时候，安史之乱刚刚过去九年。此时的大唐，早已不复盛唐的气象。到他两岁时，父亲白季庚调任徐州彭城县担任县令，他和母亲也跟随父亲来到徐州生活。后来，他的父亲又因为军功升任徐州别驾。

建中三年（782），徐州发生了战乱，于是白季庚就将妻儿安置到安徽宿州的符离镇。在符离镇的乡下，十一岁的白居易遇到了青梅竹马的玩伴——湘灵。

湘灵是白居易的邻家小妹，比他小四岁。虽说出身普通人家，但湘灵活泼可爱，又歌声婉转，还懂音律。他们从小一起玩耍，一起长大，所谓“郎骑竹马来，绕床弄青梅。同居长干里，两小无嫌猜”。就这样，两个人在成长的过程中渐渐生出了情缘。其间，白居易虽然因为战乱和湘灵偶有分开，但两人之间的感情却始终没有改变。十九岁那年，白居易为湘灵写了一首《邻女》：

娉婷十五胜天仙，白日嫦娥旱地莲。

何处闲教鹦鹉语，碧纱窗下绣床前。

白居易二十三岁时，父亲因病离世，他在符离安葬了父亲之后，便在此守孝三年。这段时间，是湘灵默默地陪伴着他，帮他走出了丧父的伤痛。于是在守孝期满后，白居易向母亲提出要娶湘灵。不料，白母百般阻挠。在白母的眼中，白家乃官宦之家，湘灵只是普通人家的女儿，两家门不当，户不对，纵然湘灵再漂亮，歌声再婉转，那也绝对配不上自己的儿子。再加上白居易此时尚未参加科举，经济上也不独立，在母亲的阻挠下，白居易不得已离开了湘灵，跟随哥哥白幼文搬去了饶州的浮梁县。

离开符离的那一天，白居易和湘灵依依惜别，他接连写下了三首情诗，其中《长相思》写道：

愿作远方兽，步步比肩行。

愿作深山木，枝枝连理生。

此后的岁月里，白居易一直没有忘记湘灵。然而在母亲的一再反对下，他和湘灵的婚事始终未能如愿。无奈之下，白居易只能埋头读书，一心考取功名，他觉得只要自己考取了功名，那么经济上就可以独立，在家里也会更有话语权，或许和湘灵的婚事也就可以自己做主了。

苦读两年之后，白居易终于在二十九岁考上了进士。博取功名的白居易，再次回到符离，终于又见到了心心念念的挚爱湘灵。当他再次向母亲提出迎娶湘灵时，顽固的母亲依旧坚决反对，甚至以死相逼。白居易在与母亲交涉了大半年后，最终只能怀着万般痛苦的心情无奈地离开了符离，也离开了自己心爱的女人。

踏上旅途之际，深感内疚的白居易为湘灵写下了这首《潜别离》：

不得哭，潜别离。

不得语，暗相思。两心之外无人知。

深笼夜锁独栖鸟，利剑春断连理枝。

河水虽浊有清日，乌头虽黑有白时。

唯有潜离与暗别，彼此甘心无后期。

唐德宗贞元十九年（803），白居易授秘书省校书郎，次年举家搬到了下邽。当时，他再次恳求母亲同意他与湘灵的婚事。然而，在母亲的眼中，门户大于一切。白母不但再次拒绝了儿子的请求，还要求白居易和湘灵绝不能再见面。

这个时候，白居易意识到自己和湘灵的婚事也许真的没有希望了，为了慰藉心中的苦痛，公元804年，一个萧瑟的秋天，他写下了《感秋寄远》：

惆怅时节晚，两情千里同。

离忧不散处，庭树正秋风。

燕影动归翼，蕙香销故丛。

佳期与芳岁，牢落两成空。

那年冬至的夜晚，被离情折磨的白居易在悲伤之中又写下《冬至夜怀湘灵》：

艳质无由见，寒衾不可亲。

何堪最长夜，俱作独眠人。

长期的思念折磨着白居易，爱情的失意也让他在心中种下了无尽的悲愁。公元806年，白居易调任周至县尉，与好友陈鸿等人同游仙游寺时，谈到唐玄宗和杨玉环的故事，白居易感同身受，写下了千古名篇《长恨歌》，末尾两句“天长地久有时尽，此恨绵绵无绝期”，这写的不仅仅是唐玄宗与杨贵妃的爱情悲剧，更是他与湘灵爱而不得的万千离愁。

转眼间，白居易已经三十七岁了，也许是时间冲淡了一切，包括他和湘灵的爱情。这一年，他迎娶了同僚杨汝士的妹妹。而对湘灵的思念，则被白居易小心翼翼地冰封在内心的深处。此后的白居易有了家庭、有了女儿，他写下了无数诗歌，仕途也越发顺遂，唯独再也没有提过曾经挚爱的湘灵。

公元815年，白居易受人中伤，被贬官为江州（今江西省九江市）司马。在前往江州的途中，白居易忽然在匆匆往来的行人中，看到了两个漂泊的旅人。那是一对衣衫褴褛的父女，白居易觉得那个女人非常眼熟，仔细辨认后，发现正是分别多年的湘灵！

那一刻，白居易的心似乎被紧紧攥住了，泪水在他的眼中充盈。湘灵也认出了白居易，这对昔日的恋人相视之后，相拥痛哭。他们感叹命运的不公、发泄心中的离情。

但这次相遇过后，两人并未走到一起。虽然此时白居易的母亲已经去世，似乎再没有人可以阻挠他们了，但白居易的身边已经有了夫人杨氏和女儿，这对苦命的鸳鸯注定有缘无分，于是在短暂相聚后，又匆匆分别。而此后，白居易再也没有见过湘灵。

晚年的白居易蓄养了许多家妓，偎红倚翠、好不快活，似乎他已经忘记了湘灵。但偶尔午夜梦醒，他还是会忍不住想起那个爱而不得的初恋，那个歌声婉转的邻家小妹，那个一生凄苦漂泊的歌女湘灵。五十岁时，两鬓苍苍的白居易写下了一首《寄远》。然而远方的那个伊人，她又在哪里呢？

欲忘忘未得，欲去去无由。
两腋不生翅，二毛空满头。
坐看新落叶，行上最高楼。
暝色无边际，茫茫尽眼愁。

人物小传

白居易（772—846），字乐天，号香山居士，又号醉吟先生，祖籍太原阳邑，生于河南新郑，唐代杰出的现实主义诗人，是与李白、杜甫齐名的唐代三大诗人之一。

白居易少年时经历藩镇战乱，立志苦读。唐贞元十六年（800），进士及第。后与元稹同时考中书判拔萃科，授秘书省校书郎，后又授盩厔（今陕西省周至县）县尉。历任进士考官、集贤校理，授翰林学士等职。815年，白居易被贬官江州（今江西省九江市）司马。822年，出为杭州刺史，后又做过短期的苏州刺史。827年，拜秘书监，次年转刑部侍郎。846年八月病逝于洛阳，葬于洛阳龙门香山琵琶峰，追赠尚书右仆射。

白居易是唐代最高产的诗人之一，其诗歌题材广泛，语言平易通俗，富有情味。代表作有《长恨歌》《琵琶行》等，广为流传。

韦应物

从纨绔子弟到隐逸诗人

独怜幽草涧边生，上有黄鹂深树鸣。

春潮带雨晚来急，野渡无人舟自横。

这首诗趣盎然的《滁州西涧》，历来为文人墨客所推崇。然而，你绝对想不到，写出这样优美文辞的诗人，早年却是一位斗鸡走狗、嗜酒成性、窝藏罪犯，甚至调戏民女的纨绔子弟。更令人难以置信的是，多年后他竟然君子豹变，成了一名清廉的朝廷命官，并以独树一帜的诗才享誉天下。他就是被誉为"盛唐最后一位诗人"的韦应物。

韦应物出身于关中望族，所谓"城南韦氏，去天五尺"，就是形容在长安城，韦氏家族的社会地位很高，与皇权很亲近。他的曾祖父曾身居宰相之位，因此韦氏家族煊赫一时，而韦应物就像是《红楼梦》中的贾宝玉，是含着金汤匙出生的贵族子弟。

天宝十载（751），十五岁的韦应物凭借祖上的功勋入仕为官，做了唐玄宗的贴身侍卫。所谓贴身侍卫，实际上不过是陪着皇帝到处巡幸游乐。当时唐玄宗已经六十七岁了，早就没了往日圣明天子的气象，他贪图安逸，整日沉湎于声色犬马。

所谓上有所好下必甚之，皇帝如此，官吏贵族更是有样学样，他们贪求安闲舒适，奢靡贪腐成风，甚至为了谋求私利，不惜巧取豪夺，将纵情享乐的社会风气推到了史无前例的程度。

少年时期的韦应物就受到这样的社会风气的熏染，当时以他为首的一帮纨绔子弟街溜子，白天斗鸡走狗、嗜酒成性，晚上则横行闾里、调戏民女。由于少不更事，韦应物甚至将与自己关系亲近的杀人犯藏匿在家中。那个时候，韦氏家族正是烈火烹油的鼎盛时期，韦应物纵情享乐、肆意妄为，浑然不知风雨欲来、山河将倾。

天宝十四载（755），韦应物刚满十九岁。“渔阳鼙鼓动地来，惊破霓裳羽衣曲”，安史之乱爆发了。这一年成为大唐帝国由盛而衰的转折点，此后，大唐再也不复当年的盛世气象。

乱世之中，曾经“去天五尺”的韦氏一族失去了皇权的庇护，成了叛军的活靶子，韦应物本人也瞬间成了被人欺凌的对象。然而挫折和苦难往往是一个人成熟的开始，经过这场家国巨变，韦应物从曾经的声色犬马中渐渐苏醒，他开始除去一身的恶习，变得沉稳庄重起来。在那场巨变之中，他还遇到了自己的一生所爱，妻子元苹。

元苹也是望族出身，相识之初，韦应物刚刚二十岁。于是，落魄的公子遇到了俏佳人，两个人一见倾心，随后就缔结了良缘。

新婚燕尔，小两口恩爱无比。但面对刚刚组建的小家庭，韦应物显得有点手足无措。一方面因为韦氏家族在乱世之中已然失势，另一方面是曾经纨绔的韦应物骤然面临家族巨变，他不知道该如何扛起家庭的担子。

就在韦应物迷茫无措的时候，妻子元苹用她的温柔贤惠为韦应物排解烦忧，她鼓励丈夫发奋读书，而自己则全力操持家中事务。有了贤妻相伴，佳偶襄助，韦应物心无旁骛，专心读书。

多年之后，韦应物学识已积深厚，尤其他写的一手好诗文，清新雅致，被人争相传诵。于是，当初那个出身豪门的纨绔子弟脱胎换骨，渐渐成了长安城中小有名气的诗人。

公元763年，长达七年之久的安史之乱终于落下了帷幕，此时的韦应物凭借一身的才华被朝廷授予了官职，做了洛阳的县丞。虽然官职不高，但韦应物勤政爱民，时常以能为百姓做事而感到欣慰。那些年，他与爱妻元苹相携相守，他们熬过了动乱的岁月，经历了生活的风风雨雨，满以为可以这样白头到老，谁料想“人有悲欢离合，月有阴晴圆缺，此事古难全”。

公元776年，元苹因病去世，撒手人寰。韦应物痛失爱妻、悲痛欲绝，他亲自为爱妻撰写了一篇墓志铭，悲痛之情跃然纸上：“昧然其安，忽焉祸至。方将携手以偕老，不知中路之云诀。”意思是说，我以为我们就这样携手终老，却未曾料到，行至中途你我二人竟成永别。

其中还写道：“每望昏入门，寒席无主，手泽衣腻，尚识平生，香奁粉囊，犹置故处，器用百物，不忍复视。”就是说，家里的寒席、衣服、香奁等所有的东西都还在原来的地方，可是你却不在了。正所谓“物是人非事事休，欲语泪先流”。

后来，他在《伤逝》一诗中写道：

念我室中人，逝去亦不回。

结发二十载，宾敬如始来。

…………

梦想忽如睹，惊起复徘徊。

此心良无已，绕屋生蒿莱。

这是韦应物对爱妻的深深悼念，那份刻骨铭心的痛楚，让他久久无法释怀。

往后余生，韦应物再未娶，他把对爱妻的情感都寄托在女儿身上。后来，他的大女儿出阁嫁到杨家时，韦应物万分不舍，他写了饱含亲情的《送杨氏女》：

幼为长所育，两别泣不休。

对此结中肠，义往难复留。

…………

别离在今晨，见尔当何秋。

居闲始自遣，临感忽难收。

归来视幼女，零泪缘缨流。

这首诗中说，大女儿在清晨时分就要出嫁，要离开家了，姐妹两人相拥而泣，身为父亲的韦应物更是不忍。想着大女儿要嫁入别人家了，不知道什么时候父女还能再见。回过头来，又看看相依为命的小女儿，想到她将来长大再出嫁了，那这个家里就只剩他一个老头子了。想到这里，不觉更是有些伤心。如果没有亲人，这家还叫家吗?

此后，韦应物历任滁州、江州、苏州刺史。贞元六年（790）的春天，韦应物在苏州刺史的任上被免职，由于身无余财，无法回到长安，只能寄居在苏州的永定寺。次年初，韦应物在苏州去世。

爱妻元苹去世的那年，他曾在墓志铭中约定："百世之后，同归其穴。"后人遵其遗愿，将韦应物的灵柩运回长安，与他的爱妻元苹合葬。

"愿得一心人，白首不分离。"韦应物做到了。他少年纨绔，青年经历战乱，中年痛失爱妻，然后漂泊一生，但他的诗一直是清新的、自然的、美的。

在一个春雨萧疏的傍晚，他隐藏起内心的哀伤与痛楚，为后世留下了一个悠然安闲却充满孤寂的隐者形象：

春潮带雨晚来急，野渡无人舟自横。

人物小传

韦应物（约737—791），字义博，世称"韦苏州""韦左司""韦江州"。京兆杜陵（今陕西省西安市长安区）人，宣州司法参军韦銮之子，唐朝诗人、官员。其诗文集今传有《韦苏州集》等。

韦应物早年豪纵不羁，横行乡里，十五岁起就担任三卫郎。性格仁义侠气、狂放潇洒。安史之乱后，韦应物流落失职，开始用心读书，后来进士及第，历任滁州、江州、苏州刺史。贞元六年（790），罢官，之后寄居在苏州的佛寺之中，直至终年。

韦应物是山水田园派诗人，后人每以“王孟韦柳”并称。诗风恬淡高远，以善于写景和描写隐逸生活著称。韦诗各体俱长，七言歌行音调流美，五律一气流转，情文相生，耐人寻味。其所作五、七绝清韵秀朗，以五古成就最高，风格冲淡闲远，语言简洁朴素，但亦有秾丽秀逸的一面。

苏　轼

从失意中活出旷世的潇洒

北宋元丰五年（1082），刚刚下过一场小雨的黄州城外，月光如洗。一个清隽的长者手拄竹杖在乡间缓缓而行，竹杖敲击在青黑的石板路上，发出清脆的响声，只听他朗声吟诵：

雨洗东坡月色清，市人行尽野人行。

莫嫌荦确坡头路，自爱铿然曳杖声。

这个清隽的长者就是北宋中期的文坛领袖，“唐宋八大家”之一的苏轼。

北宋时，中国西南有个叫作嘉州的地方，就是今天的四川省乐山市。乐山以北是眉州，往北四十多里有座小镇，名叫眉山。公元1037年，苏轼就出生在眉山这座小镇。两年后，他的弟弟苏辙也出生于此。

在父亲苏洵和母亲程夫人的悉心抚育下，苏轼在家乡读书，与弟弟苏辙一起长大成人。

十八岁那年，还在青神县中岩书院读书的苏轼，在父母的安排下，与老师王方的千金王弗喜结连理。王弗才貌出众，知书达理，且善解人意。她与苏轼可谓郎才女貌、佳偶天成，那段美好的婚姻时光是苏轼一生中最难忘的幸福岁月。

公元1057年，苏洵带着苏轼、苏辙，辗转出蜀，赶赴京城参加嘉祐二年的科举考试。那一届的主考官是当时的文坛领袖欧阳修与诗坛宿将梅尧臣。在那场科考中，苏轼写了一篇著名的策论——《刑赏忠厚之至论》。主考官欧阳修阅读过这篇策论后赞不绝口，本来准备将这篇策论列为第一，但他误以为这是自己的学生曾巩的卷子，为了避嫌，便将其列为第二。

等到放榜之后，他才知道那篇策论是一个来自蜀地的青年才俊苏轼写的，不禁大为吃惊。待正式拜访欧阳修后，苏轼将自己从前所作的诗文呈上，欧阳修读后连连夸赞道："此人可谓善读书，善用书，他日文章必独步天下。"

后来宋仁宗也读了苏轼与苏辙两兄弟的考卷，回宫后高兴地对曹皇后说："朕今日为子孙得两宰相矣！"就这样，在文坛大佬的推崇与皇帝的嘉许下，苏轼、苏辙兄弟一时间名动京城。

就在兄弟二人准备踏入仕途之际，噩耗突然传来，他们的母亲病故了。于是，兄弟俩只好跟随父亲一起返回眉州奔丧。三年服丧期满，兄弟二人再次来到京城，经过了朝廷的制科考察，苏轼获得了人生的第一个官职——大理评事、签书凤翔府判官。

在凤翔任职四年后，苏轼被调任回京，经过考核，他进入直史馆任职。谁知没过多久，年仅二十七岁的妻子王弗病逝，而当时他们的儿子苏迈还不满七岁。

正所谓祸不单行，第二年，父亲苏洵又因病去世了，于是兄弟二人扶柩回乡。辗转千里，回到故乡后，苏轼将父亲苏洵和妻子王弗安葬在眉州。那段时间，苏轼接连经历了父母、妻子去世的厄运，他的心中满是悲愁。

守孝三年期满后，苏轼续娶了亡妻的妹妹王闰之，再次返回京城开封。然而此时的朝堂已非往日景象，受神宗皇帝器重的王安石官拜宰相，开启了名动天下的王安石变法。当时，苏轼的不少师友如欧阳修、司马光、富弼、韩琦等人，因为反对新法，纷纷都被外放出京。

这样的局面让年轻的苏轼非常不满，于是在公元1071年，他向神宗皇帝上书，谈论王安石新法的各种弊端。王安石得知后，十分恼怒，就让御史在皇帝面前陈说苏轼的过失。不得已，苏轼自请出京，被外放到杭州担任通判。

不久后，苏轼又转任密州知府，公元1075年的密州任上，一天夜里，苏轼梦见了死去的妻子王弗，在梦中，他看到王弗正坐在窗前梳妆，好似他们当年新婚时一样。醒来后，苏轼愈加思念亡妻，提笔写下了《江城子·乙卯正月二十日夜记梦》：

十年生死两茫茫，不思量，自难忘。千里孤坟，无处话凄凉。纵使相逢应不识，尘满面，鬓如霜。

夜来幽梦忽还乡，小轩窗，正梳妆。相顾无言，惟有泪千行。料得年年肠断处，明月夜，短松冈。

两年之后，苏轼又被调往徐州，然后再是湖州。数年之间，他辗转各地，宦海沉浮。

元丰二年（1079），苏轼刚到湖州任上，按照朝例，要给皇帝宋神宗写一封谢表，就是《湖州谢上表》。苏轼是文人，难免文章中会带有一些情绪化的语言。结果这封谢表送到朝堂后，竟被新党官员借机寻衅，弹劾他“愚弄朝廷”“衔怨怀怒”“包藏祸心”，甚至称他大逆不道，应依法处置。

于是，在湖州任上才三个月的苏轼被押解回京，并被打入御史台的大牢。御史台又叫乌台，因此这次事件，史称“乌台诗案”。当时，被关进大牢的苏轼受尽了屈辱，他甚至觉得自己要被处死了。那段时间，他的内心惶恐不安。

乌台诗案发生后，宋神宗极为震怒，但经过一些朝臣为苏轼上书求情，加上当时退居金陵的王安石也向神宗皇帝上书说：“安有圣世而杀才士乎？”就这样，命悬一线的苏轼最终挽回了性命，被贬到黄州（今湖北省黄冈市）担任团练副使。

贬谪黄州的岁月是苏轼一生中极为清苦的一段时光，为了解决一家人的生计问题。苏轼在黄州城东开辟了一片荒地，而那片乡野之地，被苏轼命名为“东坡”，他则自称“东坡居士”。此后，人们都叫他苏东坡。

如果说我们每个人一定要经历一些挫折和苦难才能成长，那么苏轼在乌台诗案后所遭受的一连串的贬谪和磨难就是他一步步走向人生更高维度的阶梯。他并非生来豁达，是乌台诗案后的那些挫折和打击，让从前那个清冷才俊的苏轼一步步转变成睿智洒脱的苏东坡。在苦难与挫折的淬炼中，苏轼完成了自己从蛹到蝶的华丽蜕变。

此后，他更接地气，更加旷达，更为乐观，也更为有趣。他就像是一个洒脱而睿智的长者，幽默、风趣、智慧而又通达。他面临逆境时的那份豁达和从容，成为后世许多人的精神营养。

在那个被不断贬谪的岁月里，苏东坡写下了前后《赤壁赋》《念奴娇》等一系列流传千古的经典诗文，创造了他文学生涯的巅峰时刻。

四十八岁那年，苏轼的第四个儿子出生了，他为这个小儿子取名为苏遁，“遁”字取《易经》中遁卦，寄义远离宦途坎坷，归隐逍遥。欣喜之余，他为小儿子写下一首《洗儿诗》：

人皆养子望聪明，我被聪明误一生。

惟愿孩儿愚且鲁，无灾无难到公卿。

元丰七年（1084），苏轼在黄州的任期结束，临别之际，作《满庭芳》一阕，以当告别：

归去来兮，吾归何处？万里家在岷峨。百年强半，来日苦无多。坐见黄州再闰，儿童尽楚语吴歌。山中友，鸡豚社酒，相劝老东坡。

云何，当此去，人生底事，来往如梭。待闲看秋风，洛水清波。好在堂前细柳，应念我，莫剪柔柯。仍传语，江南父老，时与晒渔蓑。

元丰八年（1085），宋神宗驾崩，年幼的哲宗登基，高太后临朝听政，并起用司马光担任宰相。在司马光的提拔下，苏轼得到重用，他很快就被调到京城，晋升为礼部郎中，继而又升迁为中书舍人。

按理说，经历乌台诗案后，苏轼应该学乖了吧？然而并没有！他依旧是敢于直言。只是这个时候，苏轼更旷达了，他已经把仕途和个人荣辱看得很淡了。面对司马光上台后全面废除新法的现象，耿直的苏轼再次上书，毫不留情地抨击旧党矫枉过正的种种过失。结果可想而知，苏轼不得不再度离京，被贬到了杭州担任知州，这是苏轼第二次来到杭州。

在杭州，苏轼做了许多有利于当地的好事，比如他疏浚了西湖，还修建了苏堤。今天西湖第一胜境的三潭印月，就是苏轼在杭州时主持修建的。苏轼还说自己与杭州前生有缘，他说："前生我已到杭州，到处长如到旧游。"

甚至西湖也和苏轼有着不解之缘，因为他的一首诗，西湖的名字才确定了下来：

水光潋滟晴方好，山色空蒙雨亦奇。

若把西湖比西子，淡妆浓抹总相宜。

元祐六年（1091），苏轼被召回京城，但很快又被外放至颍州，紧接着又是扬州、定州、宁远，乃至更偏远的广东惠州。这还不算，到了绍圣四年（1097），苏轼更是被一叶孤舟送到了荒凉遥远的海南岛儋州，这在当时相当于仅比死刑稍微轻些的处罚。

然而，豁达的苏轼此时早已将生死荣辱置身事外，他毫不为意，还在儋州开办学堂，教化当地的百姓。短短几年，儋州学风蔚然，习俗为之大变。他甚至把儋州当成了他的第二故乡，他说："我本儋州民，寄生西蜀州。"

宋徽宗即位后，苏东坡相继又被调到廉州（今属广西省北海市合浦县）、舒州（今安徽省潜山市）、永州（今湖南省永州市）等地任职。到了元符三年（1100）四月，朝廷大赦，苏轼有幸被调任回京。然而，此时的苏轼已经年老体迈、油尽灯枯，走到常州时便溘然长逝。

古语说："未曾清贫难成人，不经打击老天真。"

苏轼这位天才般的人物，正是在命运不断地蹂躏和打击下，一步步走向了豁达与从容。他的一生，不是被贬，就是在被贬的路上，可他风雨无悔，坦然面对人生的挫折与苦痛。他在人生逆境中留下的那些千古文章，直到今天依旧滋养和激励了无数后人，正如他的那首《定风波》：

莫听穿林打叶声，何妨吟啸且徐行。竹杖芒鞋轻胜马，谁怕？一蓑烟雨任平生。

料峭春风吹酒醒，微冷，山头斜照却相迎。回首向来萧瑟处，归去，也无风雨也无晴。

人物小传

苏轼（1037—1101），字子瞻，又字和仲，号铁冠道人、东坡居士，世称"苏东坡""苏仙""坡仙"，眉州眉山（今四川省眉山市）人。北宋文学家、书法家、画家，与父苏洵、弟苏辙并称"三苏"。南宋时期被追赠太师，谥号"文忠"。

苏轼是北宋中期文坛领袖，在诗、词、文、书、画等方面取得了很高成就。其诗清新豪健，与黄庭坚并称"苏黄"；其词与辛弃疾同是豪放派代表，并称"苏辛"；其文宏富，纵横恣肆，与欧阳修并称"欧苏"；善书法，与黄庭坚、米芾、蔡襄合称"宋四家"；擅长文人画，尤擅墨竹、怪石等。作品有《东坡集》《东坡乐府》《寒食帖》《潇湘竹石图》等。

辛弃疾

勇冠三军的将军词人

何处望神州？满眼风光北固楼。千古兴亡多少事？悠悠。不尽长江滚滚流。

年少万兜鍪，坐断东南战未休。天下英雄谁敌手？曹刘。生子当如孙仲谋。

这首《南乡子·登京口北固亭有怀》是南宋豪放派词人，有“词中之龙”美誉的辛弃疾在登临京口北固亭时，触景生情，有感而发的一首传世名作。

与一般的文人不同，辛弃疾文武全才，他上马可定乾坤，提笔能安天下。他的一生，历经宦海沉浮，仍初心不改；遍尝人生甘苦，更志气不休。在柔靡孱弱的南宋一朝，他渴望“醉里挑灯看剑，梦回吹角连营”，期待自己可以“了却君王天下事，赢得生前身后名”，却不料只落得“可怜白发生”！

辛弃疾祖籍狄道（今甘肃省临洮县），公元1140年，他出生在济南历城（今山东省济南市）县。当时北方已被金国侵占，济南也成为金国的领土。从小生活在金人的统治之下，让辛弃疾看尽了汉人遭受的种种屈辱和痛苦。因此从少年时代起，他就立下了要驱逐金人、恢复中原的远大志向。

公元1161年，金主完颜亮调集数十万大军，南下攻宋。金军主力南下之际，北方的大批汉人趁机起义。辛弃疾也毅然举事，他召集人马，与当时耿京率领的起义军会合，共同抗金杀敌。由于起义军物资紧张，不少兵将不堪艰苦、临阵倒戈，其中就包括辛弃疾的朋友义端和尚。

当时义端和尚贪图荣华富贵，在夜里偷偷盗取了由辛弃疾保管的帅印，打算投靠金人。于是辛弃疾星夜兼程，一路紧追。待追到义端后，义端跪在辛弃疾的面前求饶说：“将军你天生神力，将来定有大造化，恳请你就饶了我吧。”而辛弃疾没有丝毫犹豫，他手起刀落，义端身首异处。这一年，辛弃疾刚满二十二岁。

到了第二年，金国发生内讧，就在金主完颜亮进攻南宋之时，后方的金朝宗室完颜雍发动兵变，自立为帝。此后，入侵南宋的前线金军又发动兵变，将完颜亮缢杀于大帐之中。

趁金兵北撤之际，起义军首领耿京派辛弃疾南下与南宋朝廷取得联络。就在辛弃疾完成任务，返回的途中，他却得到了耿京遭叛徒张安国杀害，义军也四散分裂的消息。听闻耿京已死，辛弃疾悲痛万分。当初他参加义军，是耿京接纳他、信任他，他们将性命交于彼此，同饮同醉、出生入死。

于是，辛弃疾纵身上马，要去为耿京报仇，属下们连忙阻拦，辛弃疾大声说道：“将军对我有知遇之恩，此仇不报枉为人，若尔等愿意，我们一起去擒杀叛贼张安国！”不待众人回应，辛弃疾就拨转马头，直奔金军大营而去。众人稍做犹豫，随即拍马赶上。

当辛弃疾的人马赶到金军大营时，金兵们正为张安国的归顺饮酒庆贺，丝毫没有防备。于是，辛弃疾仅带着五十个兄弟，快速冲入金军大营，将张安国活捉，随后又突破重围，奔袭千里，将叛将张安国带回南宋都城临安，并将其一刀斩于临安的闹市街头。

自此，辛弃疾一战成名。

当他站在宋高宗赵构面前时，天子龙颜大悦，怒赞道：“真乃英雄少年！”这一年，辛弃疾二十三岁，那时的他，气吞山河，厉兵秣马，随时准备出征。

可惜，命运却跟他开了个玩笑。尽管宋高宗赵构欣赏他的才能，却没有对他委以重任，仅仅授予他一个中级文官职位——江阴签判。辛弃疾很失望，他想成为上阵杀敌的将军，他想实现少年时就立下的志向，可惜空有一腔热血，却无处施展。

彼时的南宋，帝王懦弱，朝廷柔糜，他们根本无心收复中原，只希望能够偏安一隅，求得暂时的富贵与安宁。辛弃疾虽有不甘，却无可奈何。更可气的，入朝为官不久，辛弃疾总能感到来自同僚的排挤、鄙视。也是在那个时候，他才第一次得知，像他这样来到南宋朝廷的北方遗民，竟被视为是“归正人”，这是南宋朝堂那些纸醉金迷的权贵们对北方沦陷区南下投奔之人的蔑称。说起来真是好笑，这满朝权贵无视国仇家恨，不敢收复中原，却鄙视被他们抛弃的同胞，何其讽刺！

三年间，辛弃疾不断上书皇帝，如《美芹十论》《九议》，他大声疾呼，要与金兵决一死战、收复失地。然而满朝权贵纷纷沉默，如同一具具蜡像石雕，没有温度，没有情绪。辛弃疾终于明白了岳飞的孤独，当年，他是否也如同自己一样，要面对这孤寂的死水一潭？

不久，朝廷将辛弃疾派往外地任官，辛弃疾这把刀虽然不能用在沙场上，用来镇压“暴民”也是不错的。于是，公元1169年，辛弃疾三十岁，任建康（今江苏省南京市）通判。次年，任临安（今浙江省杭州市）司农寺主簿。一年后，又被任为滁州（今安徽省滁州市）知府。

至此，辛弃疾将一身跃马挥枪的本领闲置，虽然在地方上也干得颇为出色，但终究与自己纵横沙场的理想背道而驰。他壮志难酬，内心压抑苦闷，想起当年纵横沙场的快意时光，他写下了一阕《满江红》：

老子当年，饱经惯、花期酒约。行乐处、轻裘缓带，绣鞍金络。明月楼台箫鼓夜，梨花院落秋千索。共何人、对饮五三钟，颜如玉。

嗟往事，空萧索。怀新恨，又飘泊。但年来何待，许多幽独。海水连天凝远望，山风吹雨征衫薄。向此际、羸马独骎骎，情怀恶。

曾经的少年英雄，驰骋沙场、快意恩仇，有知己、有兄弟，好不快活。如今，只剩下中年文人的满腹忧愁，忆往昔，他迷茫不知所措。

不知不觉间，辛弃疾已年近不惑，来到南宋的十六年间，他一直在被东遣西调，从未实现驰骋沙场的夙愿。公元1181年，辛弃疾又被朝中的权贵弹劾，以“用钱如泥沙，杀人如草芥”的罪名被罢官免职。

宦途失意，加之英雄无用武之地，让辛弃疾心灰意冷。于是，他在江西上饶的带湖之畔建造了一座庄园。园中亭台楼阁、假山曲水、茂林修竹、荷塘雅致。后来，他把带湖庄园取名为“稼轩”，并自号“稼轩居士”。

此时的辛弃疾早已看清了时事，看清了朝廷偏安一隅的腐朽，也不再渴望沙场驰骋，他只想做个快乐的农夫，再也不蹚朝廷那浑水。于是，他扑向了青山绿水，写下了一首首富于田园生活色彩的诗词，比如这首著名的《鹧鸪天》：

陌上柔桑破嫩芽。东邻蚕种已生些。平冈细草鸣黄犊，斜日寒林点暮鸦。

山远近，路横斜。青旗沽酒有人家。城中桃李愁风雨，春在溪头荠菜花。

公元1188年的冬天，辛弃疾与好友陈亮相约在瓢泉（今江西省铅山县瓜山下）见面，两人在瓢泉住了十天。期间，两人瓢泉同酌，鹅湖同游，畅谈从前的理想。友人的鼓励，又让他的心中萌发了残存的一丝收复中原的微弱信念。

十天后，陈亮与辛弃疾告别，离别时，陈亮劝说辛弃疾不要放弃理想。陈亮走后，辛弃疾难舍离别之情，于是他写下了《破阵子·为陈同甫赋壮词以寄之》：

醉里挑灯看剑，梦回吹角连营。八百里分麾下炙，五十弦翻塞外声，沙场秋点兵。

马作的卢飞快，弓如霹雳弦惊。了却君王天下事，赢得生前身后名，可怜白发生！

这次会面后，辛弃疾又两次出山做官，但同样都遭到了同僚的排挤。公元1194年，辛弃疾再次被罢官。这一年，他已经五十五岁了，他是真的不想干了，酒也不喝了，歌也不唱了，他要专心做一名快乐的农夫。

不承想，在主战派名将韩侂（tuō）胄的举荐下，公元1203年，已过花甲之年的辛弃疾再次得到了朝廷的征召，他被授以绍兴知府兼浙东安抚使的官职，次年春改任镇江知府。朝廷的这次任职就是让他参加北伐抗金之事，辛弃疾意外之下，更是激动不已。

然而讽刺的是，就在北伐的所有准备工作都要完成之际，他却再次遭到了罢免。

公元1207年秋天，南宋朝廷因被金军勒索无度，于是打算再次起用辛弃疾抗金，并任命他为枢密都承旨，命他速到临安。这一次，辛弃疾求而不得的机会终于来了，然而这迟来的机会对他已经毫无意义了，此时的辛弃疾已经积郁成疾、卧床不起。

一个月后，辛弃疾带着满腔的遗恨溘然长逝，临终之前，老英雄还在大呼："杀贼！杀贼！"

而他一生的志向与无奈，都被写进了这阕《水龙吟·登建康赏心亭》：

楚天千里清秋，水随天去秋无际。遥岑远目，献愁供恨，玉簪螺髻。落日楼头，断鸿声里，江南游子。把吴钩看了，栏杆拍遍，无人会，登临意。

休说鲈鱼堪脍，尽西风，季鹰归未？求田问舍，怕应羞见，刘郎才气。可惜流年，忧愁风雨，树犹如此！倩何人唤取，红巾翠袖，揾英雄泪？

人物小传

辛弃疾（1140—1207），原字坦夫，后改字幼安，中年后号稼轩，山东济南历城县（今山东省济南市历城区）人。南宋豪放派词人，有“词中之龙”的美称。

辛弃疾早年与青年才俊党怀英齐名北方，号称“辛党”。青年时参与耿京起义，并擒杀叛徒张安国，回归南宋，献《美芹十论》《九议》等，条陈战守之策，但未被朝廷采纳。先后在江西、湖南等地为守臣，曾创制飞虎军，稳定湖湘地区。由于他与主和派政见不合，屡遭弹劾，数次起落，最终退隐山居。

开禧北伐前后，宰相韩侂胄接连起用辛弃疾，并征他入朝，因遭排挤而被罢免。开禧三年（1207），辛弃疾抱憾病逝。后赠少师，谥号“忠敏”。辛弃疾一生以报国为志，却命途多舛、壮志难酬。他把满腔激情和对国家民族命运的关切忧虑寄寓诗词，其词风格多样，以豪放为主，又不乏细腻柔媚之处，善化用典故入词，独树一帜。其词与苏轼合称“苏辛”，与李清照并称“济南二安”。有《稼轩长短句》等传世。

唐　寅

厄运缠身的江南才子

桃花坞里桃花庵，桃花庵下桃花仙。
桃花仙人种桃树，又摘桃花换酒钱。
酒醒只在花前坐，酒醉还来花下眠。
半醒半醉日复日，花落花开年复年。
但愿老死花酒间，不愿鞠躬车马前。
车尘马足富者趣，酒盏花枝贫者缘。
若将富贵比贫贱，一在平地一在天。
若将贫贱比车马，他得驱驰我得闲。
别人笑我太疯癫，我笑他人看不穿。
不见五陵豪杰墓，无花无酒锄作田。

一读这首《桃花庵歌》，许多人的脑海里一定会浮现周星驰主演的电影《唐伯虎点秋香》中那位放浪不羁的才子形象。以至于在大家的印象里，唐伯虎似乎就是那个才华横溢、风流不羁、腰缠万贯而又诗画双绝的江南才子。

然而，当你了解历史上真实的唐伯虎，就会发现他简直就是电影形象的反面，正所谓“别人笑我太疯癫，我笑他人看不穿”，他的一生，堪称命途多舛。他虽然才华横溢，却并不潇洒，而且备受厄运的打击，屡屡陷入贫困之中。

唐伯虎，名唐寅，伯虎是他的字，后改字为子畏，晚号“六如居士”“桃花庵主”等。有些说法称，唐寅的取名是因为他生于寅年寅月寅日寅时。其实这都是传言，唐伯虎出生在明朝成化六年（1470）二月初四，即庚寅年己卯月癸丑日，也只是在年份上与“寅”有关而已。

唐伯虎是苏州吴县人，他爹是个生意人，开了一家酒馆，不算富裕，但也衣食无忧。在老爹的督促下，唐伯虎从小就埋头读书，好友祝允明回忆，唐伯虎“幼读书，不识门外街陌，其中屹屹，有一日千里气”。意思是说，唐伯虎这家伙整天只知道待在家里用功读书，连家门外的街道都不认识，因此学习进步神速，一日千里。

十年寒窗苦读，让这位本就聪慧的少年学业大进。十六岁那年，唐伯虎在苏州府试中崭露头角，一举考中了秀才第一名。两年后，他娶妻徐氏，成家立业，似乎美好的生活就要开始了。然而不幸的是，弘治七年（1494）秋，唐伯虎的老爹病逝了。没过一年，妻子徐氏也身患重病，不久竟与年幼的儿子相继撒手人寰，这让唐伯虎痛不欲生。

作为家中的长子，为了完成老爹的遗愿，唐伯虎在悲痛中操持了妹妹的婚事。谁知不久，母亲又离开了人世。刚安葬完母亲，又传来了一个噩耗：不堪忍受婆家虐待的妹妹自杀了。父母双亡、妻子早逝、妹妹自杀，这一连串的噩耗让唐伯虎几乎崩溃，正所谓家破人亡、妻离子散。

本以为命运对唐伯虎已经够残酷的了，谁料想，这还没完。弘治十一年（1498），在文徵明、祝允明的勉励和督促下，唐伯虎参加乡试，并在应天府乡试中斩获魁首，一时间，他声名鹊起，传遍江南，人称“唐解元”。

次年，意气风发的唐伯虎进京参加会试。启程之时，江南文化圈的大小名人、大妹子小媳妇夹道相送，那真是锣鼓喧天、彩旗招展。

唐伯虎在进京赶考的路上，遇到一位“富二代”，名叫徐经。说他的名字，你可能并不熟悉，但他有个很有名的后代，就是“丈夫当朝碧海而暮苍梧”的旅行家徐霞客。

徐经好交朋友，与唐伯虎赶考途中相遇之后，两人结伴而行，竟成为无话不谈的知己好友。到了京城后，二人高车驷马、行事高调，并扬言科考之事易如反掌、稳操胜券，这难免引人瞩目。于是在会试结束后，各种流言蜚语满天飞。

当时有传言说，“富二代”徐经花钱买通了主考官程敏政的管家，管家给徐经和唐伯虎泄露了考题，所以他们才能如此猖狂得意。随着舆论不断发酵，这事儿越闹越大，后来朝廷开始着手调查。虽然查无实据，但为了平息舆论，主考官程敏政被罢官，徐经与唐伯虎也被革去了功名，终生不能再参加科考。

这件事对唐伯虎的打击很大，他在给好友文徵明的书信中，倾诉自己当时的委屈与苦闷：“海内遂以寅为不齿之士，握拳张胆，若赴仇敌。知与不知，毕指而唾，辱亦甚矣！”

而回家后不久，他的第二任妻子又与他断然离婚。一连串的打击，让唐伯虎的人生跌入了黑暗的谷底。为了远离种种是非与指责，唐伯虎不得不远离家乡，游历四方。他走遍各地名山大川，纾解心中的郁郁之气。

然而福无双至，祸不单行，人在倒霉的时候，喝凉水都塞牙。当时，远在南昌的宁王朱宸濠正在筹划谋反，他听说唐伯虎的才华与身世后，就想拉拢唐伯虎为己所用。于是，他派人给唐伯虎送去了一份厚礼，以聘请幕僚的方式，将唐伯虎骗到了南昌。

唐伯虎虽然命不好，但脑瓜子灵醒得很。他来到南昌后，很快就发现宁王有图谋篡逆的野心。为了避免惹祸上身，唐伯虎只能佯装疯癫。宁王无奈，只好将他遣返回家。自此以后，唐伯虎就彻底断了入仕的执念，靠卖字画为生，在酒色中浪荡余年。当时，他写诗自嘲说：

我也不登天子船，我也不上长安眠。

姑苏城外一茅屋，万树桃花月满天。

后来，他在苏州买了一座废弃的园子，园中遍植桃花，取名为“桃花坞”。那段清冷孤寂的岁月，他的生活颇为艰难。他曾在自己的一幅画作上题写这样一首绝句：

不炼金丹不坐禅，不为商贾不耕田。

闲来写就青山卖，不使人间造孽钱。

晚年之时，唐伯虎在青楼结识了名叫沈九娘的官妓。九娘十分敬重这位身世坎坷的才子，对他温存有加。唐伯虎写字绘画的时候，沈九娘为他研墨、调色、铺纸、洗砚，红袖添香，她成了唐伯虎晚年的精神慰藉。据说，唐伯虎所画侍女图中的那些美人，画的就是身边这位善解人意的九娘。久而久之，两人情深意笃，结为夫妇。过了两年，九娘生了个女儿，取名桃笙。

公元1509年，苏州地区闹了一场洪灾。大批良田被淹没，百姓流离失所，衣食无着，谁还买唐伯虎的字画呢！于是唐伯虎的生活再次陷入了困境，当时他说：“上好良田无人买，谁肯购我画中山？”

没了生计的来源，妻子九娘不得不做一些帮佣的苦活来维持一家人的开销，终因操劳过度卧床不起。没过多久，在1512年的冬至前，九娘也离开了人世。

九娘死后，唐伯虎时常想起这位红袖添香的爱妻。在一次出行的途中，他又想起了九娘，不禁老泪纵横，写下了《扬州道上思念沈九娘》：

相思两地望迢迢，清泪临门落布袍。

杨柳晓烟情绪乱，梨花暮雨梦魂销。

云笼楚馆虚金屋，凤入巫山奏玉箫。

明日河桥重回首，月明千里故人遥。

晚年的唐伯虎，孤独地住在桃花庵中，一个人抚养女儿桃笙，直到她长大成人。桃笙成年后，嫁给了唐伯虎好友王宠的儿子。公元1524年初，五十四岁的唐伯虎病逝于桃花庵中。临终之前，他作绝笔诗一首：

生在阳间有散场，死归地府也何妨？

阳间地府俱相似，只当漂流在异乡。

人物小传

唐寅（1470—1524），字伯虎，后改字子畏，号六如居士、桃花庵主、鲁国唐生、逃禅仙吏等，南直隶苏州府吴县人。明代著名画家、书法家、诗人。

唐寅祖籍山西晋昌，北宋时唐氏家族南迁，来到南京、苏州经商。其父唐广德经营一家小酒馆，家道小康。唐寅十六岁中苏州府试第一，二十八岁时中南直隶乡试第一，人称“唐解元”。次年入京会试，因科举舞弊案受牵连入狱而被革黜，妻子改嫁，一生坎坷。后游历名山大川，以卖文鬻画闻名天下。唐寅晚年隐居桃花庵，生活穷困，郁郁而逝。唐寅擅长画山水、人物，与沈周、文徵明、仇英并称“吴门四家”（或“明四家”），其绘画作品以《事茗图》《王蜀宫妓图》等为代表；书法奇峭俊秀，取法赵孟頫，有《落花诗册》等。唐寅诗文以才情取胜，晚年多率性之作，与祝允明、文徵明、徐祯卿并称“吴中四才子”。诗文集有《六如居士集》等。

纳兰性德

文武双全的人间惆怅客

残雪凝辉冷画屏，落梅横笛已三更，更无人处月胧明。

我是人间惆怅客，知君何事泪纵横。断肠声里忆平生。

在世人的印象里，才华横溢的纳兰性德是个多愁善感的文弱书生，殊不知他善于骑射，还是康熙帝的御前侍卫，堪称文武双全。他出身名门贵胄，却宠而不躁、贵而不娇，而且多才多艺，实在配得上是“陌上人如玉，公子世无双”。

清顺治十一年（1655），纳兰性德生于北京，他们家是满洲正黄旗，叶赫纳拉氏。他的父亲是康熙朝的大学士纳兰明珠，一路晋升到刑部尚书、兵部尚书、吏部尚书，加封太子太傅，后晋封太子太师。纳兰性德的母亲是英亲王阿济格的第五女爱新觉罗氏。可以说，纳兰性德真正是含着金汤匙出生的权贵子弟。

纳兰性德自小文武兼习，十八岁考中举人，二十岁考中进士，随后在宫廷任职。凭借家族的关系，他的仕途简直是一帆风顺。然而，与他的仕途相比，他的情路却颇为坎坷与波折。

相传，纳兰性德和《红楼梦》的作者曹雪芹的爷爷曹寅曾同朝为官，两人一同进入皇宫当差，担任大内侍卫。后来曹寅被调任金陵，但曹家和纳兰家一直保持着密切的关系。甚至有传言说《红楼梦》里的贾宝玉，就是以纳兰性德为原型刻画的。

这还真不是空穴来风，据说和珅曾把曹雪芹写的那部《红楼梦》送给乾隆皇帝看，乾隆读后说道："此盖为明珠家事也。"就是说，这写的不就是明珠（纳兰性德父亲）他们家的事儿吗？

且不说这是真是假，但就纳兰性德的初恋而言，确实与《红楼梦》的主人公贾宝玉的命运有一些相似之处。纳兰性德的初恋与贾宝玉一样，也是他的表妹，名叫舒穆禄雪梅。雪梅十四岁那年，父亲亡故，纳兰性德的姑母纳兰氏只好带着女儿雪梅投靠了纳兰家。

纳兰性德比雪梅年长三岁，雪梅进纳兰府时，纳兰性德刚十七岁。雪梅温柔可人又冰雪聪明，常常和纳兰性德一起读书习字、品读诗书。两个人渐生情愫，也立下了海誓山盟。

可惜，纳兰性德的母亲坚决反对两个年轻人的婚姻。反对的理由也可以理解，她想为儿子寻一门在仕途上有帮助的婚姻。所以，她反对纳兰性德与雪梅来往，甚至软禁了雪梅。然而软禁只是权宜之计，不能从根本上解决问题。于是，纳兰性德的母亲想出了一个更为歹毒的办法，她把雪梅送进宫内做了一名秀女。

当纳兰性德知道表妹雪梅被送入宫后，他悲痛欲绝，以绝食的方式来和母亲抗争。为了能再见雪梅一面，他甚至铤而走险，乔装成僧人入宫。据清代随笔《赁庑笔记》载："旋此女入宫，顿成陌路。容若（纳兰性德字容若）愁思郁结，誓必一见，了此宿因。会遭国丧，喇嘛每日应入宫唪经，容若贿通喇嘛，披袈裟，居然入宫，果得一见彼姝。而宫禁森严，……始终无由通一词，怅然而出。"

就是说，两个人后来在宫内相见了，但囿于宫禁森严，谁也没有说话，只是相对默然，那真是未语泪先流。出得宫后，纳兰性德伤心不已，于是写了《减字木兰花》：

相逢不语，一朵芙蓉着秋雨。小晕红潮，斜溜鬟心只凤翘。

待将低唤，直为凝情恐人见。欲诉幽怀，转过回阑叩玉钗。

后来，纳兰性德始终对雪梅念念不忘，他还写下了词情唯美的《画堂春》：

一生一代一双人，争教两处销魂。相思相望不相亲，天为谁春。

浆向蓝桥易乞，药成碧海难奔。若容相访饮牛津，相对忘贫。

康熙十三年（1674），在父母的压力下，纳兰性德接受了皇帝赐婚，迎娶了名宦闺秀——两广总督卢兴祖的千金卢雨蝉。起初，纳兰性德对卢雨蝉并没有多少感情，但随着时日迁延，他发现卢雨蝉性格温和，又才貌双全。史料记载卢雨蝉“生而婉娈，性本端庄，贞气天情，恭容礼典。明珰佩月，即如淑女之章；晓镜临春，自有夫人之法。幼承母训，娴彼七襄。长读父书，佐其四德”。婚后的卢雨蝉对纳兰性德温柔体贴、关怀备至。渐渐地，纳兰也打开了原已冰冷的内心，从心底接受了卢雨蝉。此后，小夫妻琴瑟和鸣，渐渐相知相爱。

无奈红颜薄命，卢雨蝉与纳兰性德婚后仅三年，就因难产而一病不起，不久后香消玉殒。爱妻的离世，让纳兰性德伤心欲绝，他在后来的日子里写下了许多悼念亡妻卢雨蝉的词，尤以一阕《蝶恋花》最为感人：

辛苦最怜天上月，一昔如环，昔昔都成玦。若似月轮终皎洁，不辞冰雪为卿热。

无那尘缘容易绝，燕子依然，软踏帘钩说。唱罢秋坟愁未歇，春丛认取双栖蝶。

此时的纳兰性德身心疲惫，与表妹的恋情被母亲打断，与妻子的恩爱也随风消散。尽管他身披康熙皇帝御前侍卫的光环，也终究消不去内心无比的寒意和怅然。

然而身为纳兰家的长子，延续香火是头等大事。就在纳兰性德还沉浸于情伤之时，父母很快又给他续娶了官氏女子。官氏的父亲是一等公，家世显赫，但她骄纵任性，难以走进纳兰性德的内心。所以在续娶官氏后，纳兰性德反而越发思念已故的妻子卢雨蝉。此后，他经常借酒消愁，与一帮文人墨客相互酬唱。

眼见纳兰性德日渐消沉，好友顾贞观为了让他走出阴霾，特意给他引荐了一位名叫沈宛的江南才女。沈宛是一位汉族女子，浙江乌程人，精通诗词歌赋，康熙年间的女性词选《众香词》里就收录了她的五首词。沈宛的词风和纳兰性德颇有几分相似，也许是心意相通，纳兰性德与沈宛一见钟情，他们相爱了。

然而，纳兰性德身为康熙皇帝的御前侍卫，经常要陪王伴驾，再加上纳兰家里已有官氏为妻，所以他与沈宛虽然相爱，却是聚少离多。有一年，纳兰性德扈从康熙东巡，在边塞的雪夜寒帐中，他不禁思念起身在京城的沈宛，于是有感而发写了这首《长相思》：

山一程，水一程，身向榆关那畔行，夜深千帐灯。

风一更，雪一更，聒碎乡心梦不成，故园无此声。

由于聚少离多，再加上纳兰家的阻挠，不久这份感情也画上了句号。后来，沈宛独自回到了江南。纳兰性德思念沈宛，于是写了一阕《采桑子》：

明月多情应笑我，笑我如今。辜负春心，独自闲行独自吟。

近来怕说当时事，结遍兰襟。月浅灯深，梦里云归何处寻。

康熙二十四年（1685）春，纳兰性德晋升一等侍卫，随后，他扈从康熙帝巡幸京郊地区。当年五月，纳兰性德邀请梁佩兰、朱彝尊、顾贞观、姜宸英等文友在自己的庄园别墅渌水亭内相聚，饮酒赋诗。不料，大醉一场后竟染寒疾，不久病逝，年仅三十一岁。

说起纳兰性德，他是一位温柔多情的翩翩公子，生于富贵之家，却因多情而满腹惆怅。他的一生，仕途顺遂、家世高贵，偏偏却情路坎坷。他以才闻名，以情伤逝，正所谓“情深不寿，慧极易伤”。

今天，许多人都喜欢他那些缠绵悱恻的诗词，但真正理解他的又有几人呢？

正如他的好友曹寅所说的："家家争唱饮水词，纳兰心事几人知？"也许他生来就是惆怅之人吧！

人物小传

纳兰性德（1655—1685），叶赫那拉氏，字容若，原名纳兰成德（因避讳太子保成而改名），号楞伽山人，满洲正黄旗人。大学士明珠长子，清朝初年著名词人。与陈维崧、朱彝尊并称为"清词三大家"。著有《通志堂集》《饮水词》等。

纳兰性德自幼饱读诗书、文武兼修，十七岁入国子监，十八岁考中举人，次年成为贡士。康熙十五年（1676），考中第二甲第七名，赐进士出身，授三等侍卫。曾主持编纂儒学汇编《通志堂经解》。

康熙二十四年（1685），因寒疾去世，年仅三十一岁。词作多为友情词、边塞词和悼亡词。其友情词深沉磊落，有东坡、稼轩之风；其边塞词多凄黯苍凉，在边塞诗词中别具一格；其所作悼亡词血泪交织，尤为感人。

英杰篇

荆 轲

慷慨成仁的战国刺客

风萧萧兮易水寒，壮士一去兮不复还。

探虎穴兮入蛟宫，仰天呼气兮成白虹。

这首《渡易水歌》中颂唱的就是历史上著名的刺客——荆轲。

司马迁在《史记》中为我们描述了荆轲刺秦王的故事，荆轲也与专诸、聂政、豫让并称为“战国四大刺客”。

说到刺客，你肯定会想到“银鞍照白马，飒沓如流星。十步杀一人，千里不留行”的武侠高手。实际上，荆轲之所以能够入选《史记》的刺客列传，并非因为绝世的武功，而是因其凛冽的丈夫气概，慨然赴死的决然之气。说起来，荆轲的武功非常一般。

《史记》曾记载了荆轲与两位武林高手之间的故事。

有一次，荆轲到山西榆次找当时的侠客盖聂讨论剑术。盖聂是真正的武林高手，是战国末期一位很有名的游侠。讨论过程中，荆轲说出来的道理十分浅显，盖聂实在受不了荆轲的夸夸其谈，于是对荆轲怒目而视。荆轲有些尴尬，只好识趣地走了。旁边的人看到这种情景，就劝说盖聂把荆轲请回来。盖聂说：“他刚才说的话太让我生气了，我故意瞪眼吓唬他，他应该不敢继续留下来，你们过去瞧瞧吧。”于是一些人就出去找荆轲，果然发现荆轲已经骑马离开了榆次。

又有一次，荆轲路过邯郸时，遇见了闻名四方的侠客鲁勾践，此人同样是一位武林高手。见面之后，因为一件小事，两人发生了抵牾，鲁勾践发火了，对荆轲厉声斥责了一番。而荆轲也不争辩，竟然自行离去。史书上说他“嘿而逃去”，之后两人不再见面。

从这两件小事来看，荆轲的武功应该一般，似乎还有些怯懦。但正如后世的韩信可以忍受胯下之辱一样，荆轲胸中所怀的不是小勇，而是大勇。他不好冲动，遇事冷静，不是非办不可的大事，他绝不会轻易与人发生争斗。

荆轲原本姓庆，先祖是齐国人，后来因为战乱迁居卫国，才改姓为荆。他自小好读书，平时也喜欢练习剑术。不过相较于剑术，他更看重的却是读书。在他看来，读书能明辨是非、治国安邦；而练剑只是强身健体，免被他人欺辱。

在古代，有学问的人都会被尊称为“子”或“卿”。而荆轲就是因为学问出众，被时人尊称为“庆卿”或“荆卿”。当时已经是战国时代，大争之世，列国伐交频频，征战不休。而卫国实力弱小，周遭列国环伺，危机重重。于是，荆轲主动向卫国国君卫元君献上治国之策，但卫元君却并没有采纳荆轲的策略。几年之后，卫国为秦国所灭，成了秦国的一个郡县。

之后，荆轲开始游历四方，结交贤能和豪侠之士，但他始终没有忘记自己的亡国之仇。

由于荆轲为人深沉，又有学问，所以他颇受大家的尊重。后来他游历到了燕国，燕国一位很有名望的读书人名叫田光，与荆轲交往后，田光十分看重荆轲，并认定他不是普通人。

当时燕国发生了一件大事，在秦国做人质的燕太子丹因为无法容忍被秦王羞辱，偷偷逃回了燕国。但是，太子丹害怕强大的秦国借机来攻打燕国，就找自己的老师鞠武来商量对策，谋求刺杀秦王。鞠武就给太子丹推荐了名士田光，而田光又推荐了荆轲。

当时，太子丹要求田光要对外保守秘密，于是田光在向荆轲传达了太子丹的邀请后，就当着荆轲的面自杀了。他通过一种决绝的方式保守了秘密，也是为了激励荆轲不可退缩的决心。事后，荆轲来拜见太子丹，并告诉太子丹，田光已死。于是，太子丹才将自己的计划对荆轲和盘托出。

太子丹认为秦国太过强大，燕国举全国之力都无法对抗秦国。唯一的办法就是找个勇士前往秦国，刺杀秦王。到那时，秦国内乱，各国合作，一定可以打败秦国。理论上，这个方案的确不错，但是实践起来风险太大，成功率不高，所以刺客的人选至关重要，弄不好就要被秦国借机反噬。

荆轲自知能力不足胜任，本来想要推辞，但架不住太子丹的再三恳求，加之好友田光为此而死，于是，重情重义的荆轲只好答应了刺杀秦王的这个请求。

不久之后，秦军灭了赵国，随后大军向燕国的南部边境逼近，燕国危在旦夕。太子丹连忙找来荆轲，催促他加紧行动的步伐。荆轲坦然说道："就算太子不催，我也打算行动了。可是我孤身去秦国，秦王不信任我，无法接近秦王。因此，我还需要两件重要的东西，一件是樊於期的人头，此人是秦王平生最痛恨的叛将，另一件是燕国的膏腴之地督亢（今河北省涿州市东南）的地图。只有献上这两件东西，才能让秦王相信燕国的诚意，也才有可能接近秦王。"

荆轲的这个提议十分在理，而且有助于提高刺杀的成功率。然而，太子丹觉得樊於期在穷途末路之时来投奔自己，他不忍心伤害樊於期的性命。

不得已，荆轲亲自去见樊於期，并将自己要刺杀秦王的计划告知了樊於期。当樊於期得知荆轲要借他的人头取信于秦王时，他非但不生气，反而非常高兴，于是没有犹豫，自刎而亡。太子丹听到这个消息连忙赶来，趴在樊於期的尸体上痛哭不止。然而人已经死了，太子丹只好割下樊於期的人头，用木匣封装了起来。

随后，太子丹花重金买了一把极其锋利的匕首，与督亢的地图一起交给了荆轲。又选了一位名叫秦舞阳的勇士做荆轲的副手。据说，秦舞阳十三岁就敢在街头杀人，属于地头蛇一类的人物。

此时，一切准备工作就绪，只待动身了。

然而，荆轲迟迟没有动身，他在等候一位绝世高手。因为荆轲知道自己的武功不强，按照荆轲的计划，他应该负责献人头，以迷惑秦王，而武功高强的朋友则拿着藏有匕首的地图，具体实施刺杀行动。可惜，那个朋友迟迟未到。

这时，太子丹早已等不及了，他有些怀疑荆轲是不是反悔了，不打算去行刺秦王，就以言语激将荆轲。荆轲大怒道："我难道是怕死的人吗？既然太子怀疑我，那我现在就出发！"

于是，就有了历史上著名的易水送别的场面。当时，在易水河畔，荆轲的好友、乐师高渐离与太子丹一同为他送行。临行之际，好友高渐离击起了筑，荆轲则慷慨高歌："风萧萧兮易水寒，壮士一去兮不复还！"这短短的诀别之歌，千百年来，成为慷慨悲歌的典范。

后世的骆宾王曾为此写有一首诗：

此地别燕丹，壮士发冲冠。

昔时人已没，今日水犹寒。

到了秦国，秦王也不是随随便便就能见到的，即使能面见秦王，也不是轻易就能近身的。荆轲经过一番考量，准备了几箱金银珠宝，派人先贿赂了秦王的宠臣蒙嘉，表示自己想亲手把这份贵重的礼物送给秦王，以表达燕国的诚意。在糖衣炮弹的攻势下，蒙嘉说动了秦王，秦王这才决定在大殿之上接见燕国的使臣。

于是，历史上一个伟大的时刻即将到来。

当时，荆轲捧着装有樊於期人头的木匣，不动声色地走在前面，秦舞阳则捧着地图跟随在他身后。按理说，秦舞阳十三岁就敢杀人，胆子也不小，不料，他进了大殿之后，看到四周的侍卫手持兵器、肃杀威严，他心虚了，竟吓得脸色大变、两腿发软，几乎都走不动了。

见荆轲身后的副手脸色不对、举止失常，大殿之上的秦国君臣不免觉得可疑。眼看事情就要败露，荆轲转身对着群臣，淡然地笑着说：“小地方来的人，没见过世面，头一回见威严的天子，难免有些害怕，诸位勿怪。”靠着荆轲的镇定，取信了秦国的君臣，才让刺杀计划不至于提前败露。

但是很明显，这个时候，秦舞阳已经失去了作用，荆轲只能自己行动了。但他的武功并不强，他自知这一上前就无异于送死，但他还是义无反顾地向着秦王镇定自若地走去。到了秦王的近前，他将地图放在秦王面前的桌子上，一面展开地图、一面从容地介绍督亢地区的情况。地图展开到最后时，寒光闪闪的匕首露了出来。

秦王还没意识到是怎么回事，荆轲已经迅疾地抓起匕首，冲着秦王的胸口就刺将过去。秦王猛然躲开，绕着大殿的柱子狂奔。随后秦王又抽出了身上的长剑，一阵挥砍，竟将荆轲的左腿砍断了。荆轲满身是血，却丝毫没有惧怕，他靠着大殿的柱子，张开两腿箕坐于地，大声骂道：“大事之所以没有成功，是因为我想活捉你，迫使你订立契约回报太子。”

之后，秦国的侍卫们冲上大殿，将荆轲砍成了一堆肉泥。

后来，当年呵斥荆轲的武林高手鲁勾践听说了荆轲刺杀秦王的事情，为自己曾经对荆轲的无礼而深感后悔。

说起来，荆轲的武功不强，按理说不应该被太子丹选为刺客，那么太子丹看中的是他的哪一点呢？想来应该是荆轲的智慧谋略、勇敢沉着，他不会把情绪挂在脸上，而这恰恰是大勇者必备的素质。与豫让、聂政相比，荆轲甚至算不上真正意义上的刺客。

其实，荆轲也没有想过要做一名刺客。他想要的是建功立业、出将入相，如同后世的韩信一样。然而造化弄人，偏偏让这个以读书见长、武功一般的荆轲入列战国四大刺客，并以其凛冽之气慷慨赴死，演绎了一幕让人钦佩的战国悲歌，正所谓：

身入狼邦，壮志匹夫生死外；

心存燕国，萧寒易水古今流。

人物小传

荆轲（？—前227），姜姓，庆氏（古时“荆”“庆”音近），字次非，也称庆卿、荆卿等。战国末期卫国人，古代著名刺客。

荆轲少年时喜好读书击剑，为人慷慨侠义。后游历到燕国，由田光推荐给太子丹。秦国灭赵后，兵锋直指燕国南界，太子丹震惧，决定派荆轲入秦行刺秦王。公元前227年，荆轲带燕督亢地图和樊於期首级，前往秦国刺杀秦王。临行前，燕太子丹、高渐离等在易水边为荆轲送行，场面悲壮。

荆轲与秦舞阳入秦后，秦王在咸阳宫隆重召见了他，在交验樊於期头颅、献督亢地图时，图穷匕见，荆轲刺秦王不中，被秦王拔剑击成重伤后为秦侍卫所杀。

荆轲与专诸、聂政、豫让并称“战国四大刺客”。其刺秦王一事在当时乃至后世都产生了深远影响，被司马迁载入《史记·刺客列传》，在文艺领域被不断传颂和演绎。

张　骞

“凿空”西域第一人

在西安市的龙首原，有一处西汉时期宫殿的遗址，它就是被誉为古丝绸之路起点的未央宫。

之所以说未央宫是古丝绸之路的起点，是因为在公元前139年的一天，二十六岁的张骞就是在未央宫的前殿，从汉武帝的手中接过了象征大汉的旌节，从而拉开了轰轰烈烈、“凿空”西域的壮举。

然而，谁也没有想到，他这一走，就是漫长的十三年。十三年后，当他满面风霜，再次回到长安向汉武帝复命的时候，也许并未意识到自己做出了一个多么伟大的壮举，但在两千多年后的今天，我们却都记住了那个不辱使命的汉使张骞。

正是有了张骞，才有了东西方延绵至今的丝绸之路。作为丝绸之路的开拓者，张骞也被后世誉为“东方的哥伦布”。

那么，张骞为什么要踏上充满未知与凶险的漫漫旅程？在这漫长的十三年里到底发生了什么？张骞对于历史又有哪些不可磨灭的贡献呢？

实际上，张骞之所以会出使西域，与当时生活在北方地区的游牧民族匈奴有很大的关系。

匈奴是约公元前3世纪兴起的一个游牧部族，主要在阿尔泰山以东的鄂尔多斯高原一带活动。秦朝时期，秦始皇曾派大将军蒙恬率军重击匈奴，将匈奴人赶出了河套地区。然而到了西汉初年，匈奴又逐渐强大了起来。

当时楚汉战争刚刚结束，建国不久的西汉还很虚弱。于是，匈奴趁机控制了西域，且随着日渐强大，时常侵扰汉朝的边境。面对彪悍的匈奴，西汉初年因为国力不强，一直采取的都是屈辱的和亲政策。所谓和亲，其实就是把汉朝的公主嫁给匈奴的单于，并送给大量的财物，以换取暂时的和平。然而，匈奴并不知足，依旧寇边不已。

公元前141年，汉景帝刘启患病，匈奴的军臣单于趁机起兵寇边，发生了被大汉皇族称为“凌辱之恨”的火烧甘泉宫事件。这让即将举行登基大典的汉武帝刘彻深感屈辱，他发誓：此生必报此奇耻大辱！

当其时，西汉经过文景之治，到了汉武帝时期，国力已经今非昔比。当时长安的国库里，财富数不胜数，仓库里的粮食堆积如山，国力非常强盛，整个国家是一副繁荣富足的气象。在这种情况下，汉武帝决定一雪前耻，准备发动对匈奴的反击。

《孙子兵法》说：“知己知彼，百战不殆。”要想战胜匈奴，就必须先摸清它的具体实力和详细情况。可当时的汉朝只知道匈奴的大致方位，并不知道匈奴有多少人口，领土疆域是什么情况，甚至匈奴的周边有多少国家，有没有盟友等信息，西汉王朝都不清楚。可以说，除了知道有匈奴这个敌人外，其他几乎一无所知。所以这个时候就要派遣使者出使西域，为汉武帝讨伐匈奴提供有价值的情报。

汉武帝当时选择出使的目标是大月氏，然而到达大月氏必须要穿越匈奴的领地，这无疑是一趟艰险的旅程。该派谁去呢？

不久后，一个合适的人选引起了汉武帝的注意，他就是时任郎官的张骞。张骞是汉中郡城固县人，公元前164年出生，当时刚满二十六岁，正是激情燃烧的最好年华。

当汉武帝向张骞传达了出使大月氏的使命时，张骞欣然领命。

于是，在公元前139年那个烈阳高照的晌午，手持大汉旌节的张骞带着一百多人从未央宫出发。他目光坚毅，仿佛在凝望着西域的“大漠孤烟”“长河落日”，无论前路多么艰难，他始终记得自己的使命。

假如我们今天再有机会重走当年张骞走过的丝绸之路，可以沿着高速公路一路奔驰，路两旁景色壮美，大好河山尽入眼底。然而在两千多年前的西汉，当汉使张骞踏上这条未知的旅程时，他所面临的却是一场不亚于后世唐玄奘西行取经的艰难历程。

离开长安后，张骞等人进入西域的第一站便是河西走廊，这是匈奴控制的区域，常有匈奴的骑兵巡逻于此。因此，张骞带着随从，小心谨慎地迂回穿行。

然而怕什么就来什么，他们还是被匈奴人发现，并被抓到匈奴王军臣单于的面前。当军臣单于得知这些汉人要出使大月氏时，他怒而质问："大月氏位于我国北边，你们汉朝怎敢派遣使者？如果我前往百越，汉朝会同意吗？"

随后，张骞等人被软禁在匈奴。为了消磨张骞的意志，军臣单于还给张骞许配了一个匈奴妻子，他希望用组建家庭的方式把张骞拴在匈奴，从而忘记自己的使命。

就这样，张骞被软禁在匈奴长达十多年。这十多年里，他的匈奴妻子为他生养了孩子，他甚至可以说一口流利的匈奴语，这让匈奴人渐渐对他放松了警惕。然而，他始终没有忘记自己的使命，一直在等待机会。十多年来他表面上服服帖帖，绝口不提出使一事，背地里却一直在观察着匈奴。

在一个寻常的夜里，张骞趁匈奴人对他放松警惕，他瞅着机会就带上随从，连夜狂奔，终于逃离了匈奴的管辖地。在匈奴腹地生活的十多年中，张骞已经可以不再需要向导便能走出茫茫戈壁，也对如何在西域生存了然于心。就这样，张骞和他的随从在西行中断十多年后，终于再次启程。

张骞好不容易逃出了匈奴，按理说他直接返回长安更安全，但他没有回头，而是继续西行。他要出使大月氏，他要完成自己的使命。也许那不仅仅是使命，更是流淌在我们这个民族血液里的那份坚持、那份荣耀。

逃离匈奴后的张骞和随从们一路西行，他们翻越葱岭，路过大宛，最终抵达西行的终点——大月氏。这一路上，张骞见到了此前从未见到的风土人情，听到了此前从未听到过的西域玄音，他将这一切都记录了下来。同样，西域人也是头一次见到传说中的汉朝人，见到了和西域不同的中原元素。在双方的交流接触中，中国第一次与更远地方的国家和人民有了接触，丝绸之路也从这时开始初具雏形。

抵达大月氏后，张骞向大月氏国王说明了请求他们联合汉朝一起击败匈奴的计划。然而，让张骞失望的是，大月氏国王很忌惮匈奴人，不愿冒此风险。因此，在大月氏待了一年之后，张骞决定动身回国。这一次，张骞为了避免再被匈奴捉住，他避开了匈奴的地境，翻过巍峨的葱岭，穿越干旱的塔里木盆地，然后沿昆仑山，最后来到青海羌人的区域。

然而，令人意想不到的事还是发生了。当时青海的羌人已经归降匈奴，他们随即抓捕了张骞一行人，交给匈奴人处置。

不过，上天再一次垂青了这位不忘使命的汉使，一年后军臣单于去世，他的两个儿子为了争夺王位发生内讧。张骞趁乱逃离了匈奴，这次他还带上了自己的匈奴妻子，他们一路奔波，终于返回了大汉的京城——长安。

从公元前139年出发，到公元前126年归汉，在历经十三年奔波飘零后，带着多年沿途的记录以及满身的风尘，张骞终于荣归故里。

张骞的这一趟远行，就原定出使西域的使命来看，他并未达成预期的目标，因为他没有成功建立与大月氏的联盟。然而，就其带来的实际影响与在历史中的作用来说，张骞的这趟远行无疑是巨大的胜利。从春秋战国起，戎狄等少数民族就散居于泾渭之北，秦始皇时期北击戎狄，修筑长城以护卫中原，但西部边界仅至临洮，玉门关以外的辽阔西域，尚不属于秦国的势力范围。

而随着张骞出使西域，汉朝打通了亚洲大陆东西之间的通道，使中国的影响力扩展至葱岭东西两侧。从此，不但新疆地区与中原的联系愈发紧密，中国与中亚、西亚乃至南欧的交流也逐步建立并不断加强。后人正是循着张骞的脚步，开创了著名的丝绸之路。

回到长安后，汉武帝对张骞出使西域的成就极为满意，封他为太中大夫。

元狩四年（前119），汉武帝再次派张骞出使西域，这次的出使目的与上次不同。此时的匈奴已在汉朝的攻势下节节败退，这一次汉武帝希望张骞能够联络西域各国，让他们归附汉室。

此次出使，张骞前往的不再是未知的不毛之地，而是将东西方文明联结在一起的希望之所。

于是，张骞在满朝文武和长安百姓的注视下，承载着使命和希望再次启程。这一次他没有茫然、没有无措，只有洋溢在脸上的自信和笑容。

这次出使之后，大汉王朝又派遣了多批使者前往西域，安息、条支、奄蔡、身毒、梨轩等遥远的国度都留下了汉使的足迹。安息甚至组织了两万人的大型宴会来招待汉朝的使者。自此以后，丝绸之路开始畅通，大汉王朝和西域诸国建立了良好的经济贸易和政治往来。

西域与中原的紧密交流不仅推动了西域的发展，也为中原带来了丰富的物资。西域优良的马种如天马、汗血宝马都被引进汉朝，甚至我们今天所享用的葡萄、核桃、苜蓿、石榴、胡萝卜等，都是在那个时期传入中原的。同时，汉朝的冶铁技术、水利工程技术、凿井方法，以及丝织品和金属工具等，也相继传入了西域各国。

但这欣欣向荣的景象，张骞却看不到了，这位在西域筚路蓝缕、呕心沥血数十年的丝绸之路开创者，在他第二次出使西域并返回长安的第二年病逝。

此后，西汉在西域设置了西域都护府，西域由此正式纳入西汉的管辖区域，丝绸之路也开始了它维系东西方千年联系的历史使命。

而这一切，都源自公元前139年那个烈阳高照的晌午，手持大汉旌节的张骞带领一行随从奔赴茫茫戈壁与漫漫黄沙之中，不管路途多么艰险，他永远记得自己的使命，一路向前……

人物小传

张骞（约前164—前114），字子文，汉中郡城固县（今陕西省城固县）人，汉代杰出的外交家、旅行家、探险家。

西汉建元二年（前139），张骞奉汉武帝之命，由长安出发，率领一百多人出使西域，打通了汉朝通往西域的南北道路，即赫赫有名的丝绸之路，汉武帝以军功封其为“博望侯”。

元狩四年（前119），汉武帝再任张骞为中郎将，率三百多名随员，第二次出使西域，并访问了中亚的大宛、康居、大月氏、大夏等国。张骞一行于元鼎二年（前115）返回长安。次年（前114），张骞病逝于长安，归葬汉中故里。

张骞两次出使西域，打通了中国与中亚、西亚、南亚以至通往欧洲的陆路交通，将中原文明传播至西域乃至亚欧各地，又从西域乃至亚欧诸国引进了汗血宝马、葡萄、胡麻等物种以及宝石、玻璃器等产品到中原，促进了东西方文明的交流。

苏　武

北海牧羊的千古“大丈夫”

什么样的人，才能算是真正的“大丈夫”？

孟子给了我们答案：“富贵不能淫，贫贱不能移，威武不能屈，此之谓大丈夫。”

在中国历史上，有这么一个人，他没有惊天动地的武功，没有流传千古的文章，但他的故事却流芳百世，他以威武不屈、富贵不淫、贫贱不移的人格操守，激励着后世，成为历代中国人的精神榜样。

他就是西汉时期杰出的外交家，被匈奴扣留在寒风刺骨的贝加尔湖长达十九年却能不辱使命，后来位列麒麟阁的民族英雄——苏武。

提到苏武，我们就会想到“苏武牧羊”，然而，这并不是一个田园牧歌式的浪漫故事。两千多年前，苏武被匈奴人扣留在遥远的贝加尔湖畔，那里冬季的气温是零下30度至零下50度，而且缺吃少穿。面对匈奴的利诱威逼，只要投降就可以不再受这样的苦寒之罪，但苏武始终没有屈服，在近乎绝望的苦寒之地，在匈奴人的威逼利诱下，他始终坚守着汉家气节。他以伟岸坚毅的人格，完美地诠释了什么才是真正的“大丈夫”。

公元前140年，苏武出生于杜陵（今陕西省西安市长安区）。这一年，恰好也是年轻的汉武帝刘彻即位的第一年，即建元元年。苏武的父亲苏建曾三度随大将军卫青征战匈奴，屡建战功。因此，苏武成年后凭借父亲的功勋，与其兄苏嘉、其弟苏贤一同成为郎官。这一职位在汉代颇为重要，相当于皇帝的侍从与护卫。数年后，苏武又被任命为中厩监，为皇家管理马匹和鹰犬，官职并不高。

如果没有后来的那次外交出使，苏武也许会和其他普通人一样，平平静静地过完自己的一生。然而，就在他年届不惑之时，命运却发生了重大的改变。

当时，汉武帝出重拳打击匈奴，汉匈双方也多次派遣使节互相侦察，获悉彼此的情况。后来，匈奴人前前后后扣留了郭吉、路充国等十余批汉使。为了警告匈奴人，汉朝廷也扣留了来到长安的匈奴使臣。

天汉元年（前100），新任匈奴王且鞮（dī）侯单于继位，他为了拉近与汉朝的关系，主动上表自称："汉朝天子是我的长辈。"同时，且鞮侯单于为了表示诚意，下令释放了之前扣押的那些汉使，归还给汉朝。汉武帝龙颜大悦，为了表示对这位新任匈奴王的嘉奖，特拜苏武为中郎将，并赐以节杖，派他带领使团，将扣留在大汉的匈奴使者护送回国，还赠送了一些礼物让苏武带给且鞮侯单于。

这个时候，苏武已经四十一岁了。他按照汉武帝的命令，带着一百多位随从踏上了出使匈奴的旅程，而这一走，就是十九年的漫长时光。

当苏武带着汉家天子的使命来到匈奴，把大汉天子的赏赐交给且鞮侯单于后，匈奴单于反而认为大汉软弱，对汉朝使节的态度非常傲慢，这当然不是大汉所希望看到的。

恰好此时，匈奴发生了一场内乱，苏武的副手张胜无意中卷入了这场争斗，惹恼了且鞮侯单于，于是鞮侯单于乘机把苏武使团全部扣押了起来。当时，只要是参与匈奴谋反者，按律当斩。匈奴内部的参与者均被处死，但对于汉使，只要投降，便能免于死罪，甚至能得到优待。因此，苏武的副手张胜选择了投降。

随后，匈奴人将目光转向了苏武，声称他是汉朝的正使，部下犯罪，作为领导的他也要承担同样的责任，要么投降，要么死亡。然而苏武没有一丝犹豫，他毅然选择了死亡，当场拔剑自刺，幸而被旁边的随从及时救下，一连昏迷了好几个昼夜才渐渐苏醒。

见苏武如此硬骨头，匈奴人倒来劲儿了。他们越是看苏武不降，就越是想要招降苏武。于是，匈奴人把苏武囚禁在冰冷的大地窖中，还不给他食物和水。当时北方天气寒冷，外面下着大雪，囚禁在地窖里的苏武冻得瑟瑟发抖，他渴了就把冰雪塞进嘴里，饿了甚至不得不吞食一些毡毛。就这样过了好几天，匈奴人发现苏武竟然还活着，觉得这简直就是个神人。

该怎么让他屈服呢？匈奴人想到了一个恶毒的主意，他们把苏武流放到连匈奴人都觉得苦寒的地方——北海。这个北海，可不是我们今天说的广西北海。苏武被流放的北海，位于现在东西伯利亚的贝加尔湖一带，那是个寒冷至极、难以存活的地方。由于那个地方处于偏远的北方，因此被匈奴人称为“北海”。一直到近代，那里都是流放重刑犯的苦寒之地。

就这样，匈奴王把苏武流放到冰天雪地的贝加尔湖一带，还给了他一群公羊，然后提出了一个极为无耻的条件：等什么时候这些公羊下奶了，就将他放回汉朝。

公羊怎么可能下奶呢？这简直是给苏武判了无期徒刑。

身处荒寒之地，饮水没有问题，那里有大量的雪，烧开了就是水。但没有吃的啊，苏武当时只能从野地的田鼠口中争食，每天不得不靠挖掘野鼠们储藏的果实来充饥。每天放羊时，他都持着汉节，就是那根代表大汉朝的旌节，苏武起居都拿着，以至于后来节上的毛全部都脱落了。

冰天雪地之中，苏武像野人一样在贝加尔湖一带度过了十九年的时光。这个苦不是一般人可以承受的。在这段时期，匈奴不断派人来劝说苏武服软投降。只要投降，立马就能获得貂衣酒食，但是苏武毫不动摇，坚守汉家的气节。

这些前来劝降的人中，就有之前兵败投降的汉朝将军李陵。当时，匈奴单于派李陵来到苏武牧羊的地方，故意设立酒宴和歌舞，试图劝降他。李陵对苏武说：“单于得知你我二人交情深厚，派我来劝劝你，他真心希望你能成为匈奴的臣子。你如果这样一意孤行，那么到死都不可能回到汉朝，在这荒凉苦寒之地挨饿受苦只是徒然，即使坚守信义，又有谁能看见呢？你哥哥苏嘉之前因大不敬被指控，自杀身亡了，你的弟弟苏贤也服毒自尽。我来到这里时，令堂不幸病故，是我将她安葬在阳陵的。你的妻子还很年轻，听说已经改嫁。只有两个妹妹，两个女儿和一个儿子，自你离家已过去十几年，连他们是否还活着都不知道。人生如朝露，你为什么要让自己受这么久的苦呢？听我的建议吧，归顺匈奴算了。”

言下之意，你苏武如今已经家破人亡了，汉朝甚至都把你彻底遗忘了，你独自坚守这份气节，又给谁看呢？

然而，李陵的一番苦口婆心并没有说动苏武，苏武回答说：“我苏武早就已经死了！你如果一定要让我投降，那就请停下今日的欢宴，让我直接死在你的面前吧！”

李陵见苏武如此忠贞不屈，不禁自惭形秽，慨叹说：“真是义士！我的罪过上通于天！”说完，与苏武诀别而去。

我们不知道，李陵在与苏武诀别的那一刻，他的心中在想什么。然而，我们却听到了苏武心中的那份坚持，那份对祖国的忠诚和信义：我苏武生是大汉的人，死也是大汉的鬼。

遥远的西伯利亚，漫长的雪季是难以忍受的。寒冷、饥饿、孤独、疾病，以及对远方家国的思念，苏武每天都要承受这样的折磨。普通人面对这种境遇，不是被压垮，就是选择屈服。因为只要投降了，富贵荣华唾手可得。

然而，苏武没有投降，他始终没有放弃作为汉使的尊严。

幸运的是，在这样艰苦卓绝的日子里，苏武遇到了一位神秘的女子。关于她的身世，历史上只有只言片语，朦胧而遥远。她可能只是一个普通的匈奴牧羊女，也可能是一位部落首领的公主。但无论如何，她的出现为苏武的生活带来了温暖和希望，让他挺过了那段艰苦难熬的岁月，并为他生下了一个儿子，取名苏通国。

公元前87年，汉昭帝即位之后，匈奴和汉朝的关系缓和。有一次，来到匈奴的汉使听说十多年前的汉使苏武一直被匈奴流放在苦寒的北海，很是愤慨。于是这位汉使为了迎回苏武，想到一个主意，他对匈奴单于说："汉天子在上林苑中射猎，射得一只大雁，脚上系着帛书，上面说苏武等人在北海。"

匈奴单于非常惊讶，只得如实回答："苏武等人的确还活着。"之后，在汉朝使臣的交涉下，匈奴单于不得不释放了苏武和他的随从，让他们返回汉地。然而此时，当初跟随苏武一起出使匈奴的一百多位使臣，只剩下九个人了。

公元前81年的春天，千里奔波之后，两鬓苍苍的苏武带着他在匈奴所生的儿子苏通国，终于回到了阔别十九年的京城长安。

汉昭帝在得知苏武的事迹后，大为钦佩，赐封他为典属国，并厚赐钱粮及府邸，以补偿他多年来所遭受的苦难。当时，跟随苏武出使回来的那些随从也都各有赏赐和晋升。

值得一提的是，当年跟随苏武的助手常惠，几年后再次被派遣出使西域，他联合乌孙，抵抗匈奴，讨伐龟兹，立下不少功勋，后被封为长罗侯。东汉的史学家班固曾这样评价常惠："明习外国事，勤劳数有功。"

公元前60年，八十岁高龄的苏武病逝于长安。

公元前51年，新一任的匈奴王呼韩邪单于来到长安，归附汉朝。汉宣帝"以戎狄宾服，思股肱之美"，特意在未央宫的麒麟阁命画师画了为汉朝立下汗马功劳的十一位功臣像，其中便有苏武。后来，唐代大诗人李白在读了苏武的事迹后，专门为他写了一首诗，述说他极不平凡的一生：

苏武在匈奴，十年持汉节。

白雁上林飞，空传一书札。
牧羊边地苦，落日归心绝。
渴饮月窟冰，饥餐天上雪。
东还沙塞远，北怆河梁别。
泣把李陵衣，相看泪成血。

人物小传

苏武（前140—前60），杜陵（今陕西省西安市）人，西汉大臣，杰出的外交家，民族英雄。

苏武乃西汉代郡太守苏建之子。汉武帝时凭借父荫担任郎官，后任移中厩监。天汉元年（前100），苏武奉命以中郎将持节出使匈奴。当时，副使张胜卷入匈奴内乱，苏武受到牵连，被扣留。匈奴贵族多次威胁利诱，欲使其投降，苏武誓死不从，引佩刀自刺负伤。后被匈奴人迁到北海（今贝加尔湖）边牧羊。

苏武历尽艰辛，留居匈奴十九年，始终不屈。始元六年（前81），汉与匈奴和亲，汉使者寻得苏武等人下落，使其获释归汉，拜典属国，禄中二千石。次年因卷入上官桀谋反案而被免官。元平元年（前74），因参与拥立汉宣帝，苏武受封关内侯，重新拜右曹典属国。神爵二年（前60），苏武去世。苏武爱国忠贞的节操不仅使其名著当时，而且对后世产生深远影响。其事迹在历代诗歌、戏曲、美术、音乐等艺术形式中不断被歌咏、演绎。“苏武牧羊”亦成为坚贞不屈的象征。

傅介子

纵横西域的侠之大者

金庸先生在他的小说中借郭靖之口道出了侠客的至高境界，那就是“侠之大者，为国为民”。然而这毕竟是小说，真实的历史上有没有这样的“侠之大者”呢？

还真有，而且比小说更为传奇。他就是仅凭一人一剑一马，凭借智谋和胆略行走于大漠黄沙之间、威服西域三十六国的国之大侠傅介子，他孤胆忠魂，斩杀背弃汉朝的楼兰王，并使楼兰归附于大汉。

傅介子的人生经历就像一部武侠小说，他出生在西汉的北地郡，年轻的时候是一名普通士兵，腰间总是别着酒和剑。后来因为立有小功，被提拔在骏马监做了管理马匹的“弼马温”。傅介子觉得这巴掌大的马厩，装不下他的万丈雄心，于是他向上请命，要到塞外广阔的西域，去管管那些西域的“刺儿头”。

当时西域有三十六个小国，论“刺儿头”当属楼兰和龟兹。单说人口，楼兰和龟兹两国加起来也不到十万人，在西汉三四千万的人口面前根本不值一提。当然，楼兰和龟兹也有自知之明，他们不敢怠慢西汉，但也惧怕北边的匈奴，所以始终在西汉和匈奴两个大国之间来回摇摆，就像墙头草，随风倒。

汉武帝登基以后，一改之前的和亲政策，不断派大军重击匈奴，打得匈奴接连败退，不得不远逃漠北。当时楼兰和龟兹迫于武帝之威，稍微收敛了些，安分了几年。

武帝驾崩后，年仅八岁的太子刘弗陵登基，是为汉昭帝。而楼兰和龟兹欺负大汉新主年幼，再次蠢蠢欲动，开始勾结匈奴，并大肆劫掠来往西域的汉朝官员和商队。

当时西域的大宛国每年都要给汉朝上供汗血宝马，而楼兰和龟兹横在中间，他们肆意抢掠大宛国送给汉朝的汗血宝马等贡品，往往让大汉使团有去无回。这让大将军霍光很是恼火，就在他正发愁找不到合适的人选去大宛迎回宝马的时候，傅介子出现了。

傅介子这个人其貌不扬，官职也不高，平时邋邋遢遢不修边幅，但就是这样一个看起来不太出众的人物，心里却装着收服西域的万丈雄心。当得知大将军霍光正在寻找迎回西域宝马的合适人选时，傅介子主动请命。由于他一直在骏马监负责管理马匹，的确懂马，所以大将军霍光就同意了他的请求，派他前往大宛迎回宝马，同时让他顺道去问罪楼兰和龟兹。

傅介子去的时候带了多少人呢？就带了十几个随从。他们腰间别着宝剑，跨上战马，直奔玉门关方向而去。出玉门关后的第一站，就是楼兰。傅介子知道楼兰已经跟匈奴勾搭在了一起，所以他做好了随时被楼兰人袭击的准备，但神情却显得十分镇定。

他的佩剑是汉军的制式长剑，为了抽取方便，一般都是剑柄朝下挂在身上。可傅介子不一样，他昂头坐在马上，腰间的剑柄朝上，故意将轻松随意的样子做给楼兰人看。

当时楼兰人看到傅介子这副样子，心里直打鼓，他们摸不清傅介子的实力，所以也不敢轻举妄动。之后，傅介子只带了一个随从，大大咧咧就直入楼兰王宫。当他走到楼兰王的面前时，直截了当地告诉楼兰王："我是奉命来问罪的。"说完，他还用大拇指指了指身后，似乎是告诉楼兰王，汉朝的数万大军随后就到。这下，直接把楼兰王吓得不轻，慌忙伏地请罪。

随后傅介子又到了龟兹，龟兹王也表示悔罪，并请求汉朝的宽饶。

当时，龟兹王还把匈奴使者的行踪告知给傅介子，以表示自己的诚意。傅介子得知后，二话不说，拎起剑带着手下就去追杀匈奴使团。当他们十几个人灭了三倍于己的匈奴使团，一袭血衣、毫发无伤地返回龟兹王宫后，龟兹王吓得颤抖不已。

就这样，傅介子轻松完成了霍光交给他的任务，之后，一行人纵马凯旋。当这个血染征衣的英雄跪在汉昭帝的面前报告此行的经过时，年幼的汉昭帝显然没有意识到傅介子体内蕴含的巨大能量，只是任命他为中郎，派他去平乐监继续负责管理军马。

傅介子并未在意，但他对西域的事一直忧心忡忡。他在马厩的门口坐了一夜，第二天一大早，他跑到大将军霍光的面前说："龟兹和楼兰反复无常，咱们对他们的惩罚太轻了，我想去杀了龟兹王，以树立大汉在西域的权威。"霍光惊诧地看着这个语出惊人的黝黑汉子，只听傅介子接着说："这次去龟兹，宴席中龟兹王和我近在咫尺，很容易就能得手。"

霍光听后，不置可否，但表示让傅介子先定个小目标，去近一点的楼兰试试。

为什么要针对楼兰呢？还真不是仅仅因为离得近。这楼兰的老国王本来有四个王子，大王子安归早年在匈奴为质子，还娶了匈奴的女人。二王子到汉朝当质子，可惜因为通奸杀人，受了宫刑，无颜再回楼兰。老国王死后，就把王位传给了三王子，可惜三王子即位后，没多久就死了。于是按照顺序，四王子尉屠耆准备即位，不料这个时候，匈奴却突然把大王子安归送回了楼兰，并用武力赶走了四王子尉屠耆，还扶助亲近匈奴的大王子安归当了新的楼兰王。

就这样，原本是尉屠耆的王位，却被匈奴人拥护的大王子安归抢夺了，害得他不得不流亡在外，投奔大汉，寻求庇护。

安归做了国王后，让他的匈奴妻子做了王后，再加上这王位是匈奴人帮他得到的，所以他骨子里就亲近匈奴。于是在安归即位后，楼兰就彻底倒向匈奴了。

虽说此前傅介子问罪楼兰，楼兰王也表示悔罪，但等汉朝的使臣一离开，楼兰王依旧是我行我素，与匈奴勾勾搭搭，并继续劫掠汉朝的使团和商队。与此同时，投奔汉朝的尉屠耆把安归的罪状一五一十地上报给了汉昭帝和大将军霍光，请求汉朝帮他灭了安归，并说如能扶助自己即位，楼兰将一直向汉称臣，全力拥护大汉。

汉昭帝答应了尉屠耆的请求，授命大将军霍光具体负责此事。因此当傅介子找到他，并说要去杀了龟兹王时，霍光表示可以先去近一点的楼兰试试，并把楼兰王安归的罪状告诉了傅介子。

傅介子听完后，当天晚上就备好了马，向霍光要了一些金银珠宝，带着人马就出了城。马背上的傅介子眉头紧锁，不再轻松随意，因为这一次他动了杀心，腰间的长剑也换成了便于出鞘的短剑，一路快马疾驰向楼兰而去。

傅介子到了楼兰后，楼兰王安归心虚，他缩在宫殿里找借口不见傅介子，只派了个翻译给傅介子领路。傅介子也没有强求，便跟随翻译来到楼兰国的国界西边。随后，他料定了楼兰王安归此时觉得汉使已走，应该没有了防备心，就找了个地方安营扎寨，还把装满金银珠宝的袋子拿出来故意让翻译看，并假装说："这次本来是奉命给西域国王们行赏的，你们国王居然见都不见我，可惜了这么多金银珠宝。楼兰王再不来，就只好将这些财宝送给别人了。"

那个翻译一辈子也没见过这么多财宝，当天晚上就急忙赶回去，并添油加醋地给安归报告了这件事。贪婪的安归听说后，心里痒痒的难受，他当即下令："快快准备餐食酒水，我要亲自面见傅介子。"

安归见到傅介子后，看傅介子穿着朴素，沟壑纵横的脸上也看不出喜怒的神情，难免有些警惕，于是拐弯抹角地用言语试探傅介子。傅介子没理会安归的试探，只是把装满财宝的袋子随意往地上一扔，落到地上的袋子敞开了个口，里面的金银财宝露出了闪闪的光芒。

这下安归坐不住了，他“噌”地一下从椅子上坐起来，满脸堆笑，朝傅介子举起了酒杯。傅介子与安归一连几杯酒下肚，两个人身子都开始有些晃了。傅介子紧了紧腰带，示意安归跟他到帐幕里，他趴在安归耳旁，神秘地说：“皇上派我来还有一件好事，是个机密，我只能告诉你一个人。”

安归一听还有好事，打了个酒嗝，想也没想就跟了进去，进了帐幕之后，还没等安归反应过来，傅介子的随从拔出利刃，从背后就刺穿了安归的胸膛。当时随行的楼兰贵族和大臣还沉浸在被汉朝重赏的喜悦之中，见到眼前这一幕都吓得惊慌失措、各自奔逃。

等楼兰的士兵冲进帐幕时，傅介子已经砍下了安归的首级，提在手上，并对楼兰的臣子和侍卫们说：“安归背叛我大汉，我奉命取他首级，此后将立四王子尉屠耆为王。且我汉军已经包围了楼兰，你们谁还想和他一样，尽管来试试，到时候整个楼兰都将不复存在。”

傅介子此言一出，那些楼兰士兵纷纷放下武器，给傅介子等人让出了一条路。

立下大功的傅介子回到京城，他从马鞍上取下安归的首级，挂在城楼上示众。文武百官无不称赞，汉昭帝封他为义阳侯。这个封赏的意义非常重大，因为此前被封为义阳侯的，就是让匈奴闻风丧胆的一代战神霍去病，可见汉昭帝这次对傅介子是格外地器重。

楼兰国这边，随着安归已死，四王子尉屠耆即位为王，随后改国名为鄯善，这片西域的土地从此也就成了大汉驻军屯田的地方。

此后的傅介子，一人一剑一马，凭借智谋和胆略行走在西域的大漠黄沙之间，当时西域三十六国听到他的名字无不毕恭毕敬、奉为上宾。如果说霍去病是国之战神，那傅介子堪为国之大侠。他的英雄事迹，甚至感染了东汉的班超，后来班超投笔从戎，也开创了一番波澜壮阔的人生伟业。

傅介子早已随着黄沙逝去，而他孤身入敌境、万里取首级的壮举却被代代传扬，有诗云：

自破楼兰穿甲还，凉秋八月古萧关。
墐涂穹室无三世，渠率羁縻似百蛮。
古塞月明销燧火，荒城雨霁对芒山。
不才九载空留滞，惭说心间物自闲。

人物小传

傅介子（？—前65），西汉时期著名外交家、大臣、勇士。北地义渠（今甘肃省庆阳市）人。生性机智果断，原任骏马监，为辅政大臣霍光所赏识。

汉昭帝时，西域龟兹、楼兰联合匈奴，残杀汉朝使官，劫掠财物。元凤三年（前78），傅介子上书朝廷，自愿出使大宛，以汉帝诏令责问楼兰、龟兹，并杀死匈奴使者。还奏长安被任为平乐监。元凤四年（前77），傅介子又奉命以赏赐为名，率领随行将士，携带黄金、锦绣至楼兰，于宴席中斩杀楼兰王安归，另立汉朝的侍子、安归之弟尉屠耆为王，安抚楼兰居民，并改楼兰国名为鄯善。归朝之后，因功被封为义阳侯。傅介子去世后，还葬故里。今甘肃省庆城市西塬石马坳，尚有汉义阳侯傅介子墓。

曹　操

横槊赋诗的乱世枭雄

小时候读《三国演义》，最喜欢刘备，觉得他仁义爱民、礼贤下士。等年龄渐长，竟越来越喜欢那个当初自己最讨厌的曹操。

在小说《三国演义》中，曹操被描绘成了一个奸诈、狡猾、阴险的人物，后世的戏剧更是给他画了一副奸臣才有的白脸儿，让他被后世唾骂，成了不忠不义的典型代表。

其实我们的文学作品，往往习惯把人物脸谱化，甚至以私德来简单地评判历史人物，给他加上一个非黑即白、非忠即奸的世俗标签。曹操就是这样一个被小说和后世误解了的历史人物，甚至直到今天我们对曹操的印象都是模糊的、冲突的、不清晰的。

那么，曹操到底是怎样的一个人呢？

其实曹操和我们一样，小时候爱耍酷、特调皮，一样没落下，甚至不光调皮，简直是顽劣异常。相传，他曾经和傻大个儿袁绍一起去偷别人家的新娘子，被人发现之后，曹操和袁绍慌忙逃跑，结果袁绍误入灌木丛，动弹不得。当时曹操就使坏，他大叫："小偷在此！"傻大个儿袁绍被曹操这么一吓，急得猛然一跃，顿时逃脱了出来，这便是成语"贼喊捉贼"的由来。

后来曹操长大成人，只可惜个头不高，据说也就一米六。东晋史学家孙盛在《魏氏春秋》里记载：曹操"姿貌短小"，但"神明英发"，气度非凡。

曹操的父亲曹嵩，在东汉末年先后官拜司隶校尉、大鸿胪、大司农，位列九卿。曹嵩之所以仕途亨通，很大程度上是依仗自己的养父、大宦官曹腾的权势。曹腾在东汉末年权倾朝野，官至中常侍，食禄二千石。所以说，曹操他们家是妥妥的高门大户，曹操是标准的“官二代”，因此他早年的玩伴都不是普通人家的孩子，你像出身四世三公的袁绍，后来差点在背后给他致命一击的发小张邈，都出身王侯勋贵之家。

靠着家世背景，曹操在弱冠之年就凭借父荫，当上了洛阳北部尉，相当于首都公安局北区分局局长。他当时年轻，这刚一当官，内心是激情万丈，誓要做出一番成绩。

当时的洛阳是皇都所在，皇亲贵胄都住在这里，因此一向很难治理。曹操一上任，他申明禁令，严明法纪，并制作了十多根五色大棒，悬挂在衙门里，规定谁若是违犯禁令，就用五色棒“棒杀之”。

有一次，皇帝的亲信宦官蹇硕的叔父触犯宵禁随意出行，被曹操抓了现行。他依法严惩，毫不留情地将其杖杀。这就捅了马蜂窝，朝中有些人就开始参劾曹操。好在曹操也出身官宦，凭借父亲的人脉关系，他被明升暗降，调任为顿丘（今河南省清丰县）县令。

本来曹操可以凭借良好的家世，一步一个脚印地往上爬，将来平平稳稳地承袭家里的爵位，享受高官厚禄，也是一件美事。可惜东汉末年，天下大乱，帝国千疮百孔、危机四伏，已经走入崩塌的前夜。这样的局势，注定曹操的一生也将难以平凡。

公元184年，黄巾起义爆发，这年曹操三十岁。身为汉朝的地方官，这场农民起义给了他建功立业的机会，于是而立之年的曹操，毫不犹豫地跨上战马，开始了平定黄巾之乱的征战岁月。

到了公元188年，朝廷设置了西园八校尉，曹操凭借出众的家世与军功，被任命为典军校尉。然而不到一年，汉灵帝刘宏病逝，太子刘辩即位。

当时的朝廷，皇帝年幼，宦官集团和外戚又闹得不可开交。为了铲除宦官集团，大将军何进在袁绍的怂恿下，征召西凉军阀董卓进京，协助铲除十常侍。然而还未等董卓进京，何进与宦官十常侍就斗得同归于尽了。于是董卓趁乱入京，霸占了朝堂，之后他废黜并杀害了汉少帝刘辩，另立刘辩的同父异母兄弟刘协为帝，就是东汉的最后一位皇帝——汉献帝。

董卓当权后，很欣赏曹操，当时只要曹操肯归附董卓，荣华富贵便在眼前。不过曹操并不甘心成为董卓手下的棋子，于是就偷偷逃离了洛阳。

就在这次逃亡的路上，发生了一件让他被后世唾骂千年的事件，就是曹操因为疑心而杀害了好友吕伯奢全家的事情。这并不是小说杜撰，历史上真有其事。

在小说《三国演义》里，曹操和陈宫一路逃亡，碰巧路过曹操的好友吕伯奢家，于是就在他家借宿一晚。好友吕伯奢为了招待他们，就让家人杀猪设宴，自己去邻村买几壶好酒。生性多疑的曹操，在卧室里听到院子里有磨刀的声音，心中立马警惕起来，认为吕伯奢家人为了向董卓求赏，想要谋害自己。因此，曹操先下手为强，一口气杀光了吕伯奢的家人。逃离途中，又碰到买酒返回的友人吕伯奢，曹操因担心吕伯奢回家后知道此事，日后会找自己报仇，索性一不做二不休，又杀死了吕伯奢，并说："宁教我负天下人，休教天下人负我！"眼见曹操的为人处世，陈宫当即与曹操分道扬镳，这件事也成为曹操一生难以抹去的道德污点。

当然，这毕竟只是小说，历史的真相到底是什么？曹操真的如此凶残无义吗？

首先，这件事没有出现在正史《三国志》里，包括曹操、陈宫两人在吕伯奢家投宿之事，也只字未提。但在其他三本史料中，则有着不同的记述。《世语》记载："太祖过伯奢。伯奢出行，五子皆在，备宾主礼。太祖自以背卓命，疑其图己，手剑夜杀八人而去。”《魏书》记载：“太祖……从数骑过故人成皋吕伯奢。伯奢不在，其子与宾客共劫太祖，取马及物，太祖手刃击杀数人。”《杂记》则这样记载：“太祖闻其食器声，以为图己，遂夜杀之。既而凄怆曰：‘宁我负人，毋人负我！’遂行。”

这三种记载，都表明了一个问题：在逃亡的路上，神经紧张的曹操难免会过度关心自己的性命安危，于是为了自保，就痛下杀手。因为吕伯奢家所在的成皋，距离洛阳并不远，吕伯奢若要拿曹操的人头去向董卓领赏，并非没有可能。

所以，这极有可能是一起误杀。但罗贯中在《三国演义》中增添了曹操在路上遇到吕伯奢，又狠心杀害友人的情节，性质就完全变了，就从自卫误杀发展到滥杀无辜，属于是典型的忘恩负义，以致让他遭到后世的唾骂。所以说，杀害吕伯奢家人的事儿还真有，只不过很可能属于误杀。

后来，曹操逃到陈留，他散施家财、招募义兵，向天下英雄提出了讨伐董卓的号召。

公元190年正月，各路讨伐董卓的大军推举袁绍为盟主，于关东起兵。然而，讨董联军实际上就是一盘散沙，只顾自保，各自为政，踌躇不前。

就在这时候，董卓已经一把火烧了洛阳宫殿，还驱赶百姓，劫持天子跑到了长安，留下方圆两百里“无复人烟”的洛阳。

这种情况下，讨董联军还是只顾窝里斗，只有曹操独自率军向西进发去讨伐董卓的军队，可惜在荥阳一战中遭遇失败，几千人的家底几乎损失殆尽。反观其他各路诸侯，他们裹足不前，相互观望，抑或各谋私利、互相残杀，致使天下混乱、百姓流离。曹操在《蒿里行》一诗中，真切地描写了当时军阀混战、天下生灵涂炭的惨状：

白骨露于野，千里无鸡鸣。

生民百遗一，念之断人肠。

读这首《蒿里行》，你能感觉到曹操当时内心的悲凉和无奈，能感受到曹操心中的痛。他的痛，不是家人逝去的痛，不是个人挫折的痛，而是他看到天下大乱、大厦将倾，但他却束手无策、无可奈何的痛。

公元196年，曹操为了匡正天下，扫荡群雄，将汉献帝迎到了许昌，由此他“挟天子以令诸侯”。不久，他率领大军攻克了吕布、陶谦等地方势力。四年之后，曹操又在官渡之战中，以少胜多，打败了袁绍。

曹操之所以能接连成功，与他大力招揽人才有很大的关系。当时，门阀大族几乎垄断了做官的通路，这些大族披着兴复汉室的外衣，却千方百计为自己的家族谋利。而曹操唯才是举，通过发布《求贤令》《举士令》《求逸才令》等一系列举措，一方面增加自己的实力，一方面狠狠地打击了世袭的地方和豪强势力。曹操那首经典之作《短歌行》，本质上就是一首情意真挚的求贤歌：

对酒当歌，人生几何！譬如朝露，去日苦多。

慨当以慷，忧思难忘。何以解忧？唯有杜康。

青青子衿，悠悠我心，但为君故，沉吟至今。

呦呦鹿鸣，食野之苹。我有嘉宾，鼓瑟吹笙。

明明如月，何时可掇？忧从中来，不可断绝。

越陌度阡，枉用相存。契阔谈宴，心念旧恩。

月明星稀，乌鹊南飞。绕树三匝，何枝可依。

山不厌高，海不厌深。周公吐哺，天下归心。

在诗中，曹操表达了他渴望得到人才的拳拳之心，说自己会像周公那样以真诚的态度礼贤下士，希望天下更多的人才能够为自己所用。

公元207年，曹操北征乌桓凯旋，行军到海边，路过碣石山，他登山观海，一时间感慨万千，写下了著名的《观沧海》：

东临碣石，以观沧海。

水何澹澹，山岛竦峙。

当他看到辽阔的大海，想到自己年轻时就树立的万丈雄心时，不禁慷慨悲歌：

日月之行，若出其中。

星汉灿烂，若出其里。

幸甚至哉，歌以咏志。

此时的曹操已经五十三岁了，但他“烈士暮年，壮心不已”。

建安二十五年（220）正月，六十六岁的曹操病逝于洛阳。

据说临终之前，他妥善安排了姬妾们的生活。遗言中说他的姬妾们都非常不容易，要求后人将她们安置在铜雀台上，并照顾好她们的生活。倘若曹家日后衰落，各位夫人还可以织鞋子去卖，这样她们还能有个谋生的手段，不至于饿死。此外他还说，将来如果遇到好人家，就改嫁吧。

作为千年前的古人，一个征战沙场、大杀四方的乱世英雄，曹操能有这样的柔情和胸怀，实属难得。说起来，曹操是个活得非常通透的人，他并不是一个道德上的完人，但他一定是个治世的能臣。在那个烽烟四起、人命如草芥的乱世，需要的恰恰是曹操这样有能力戡平天下的英雄豪杰。

他是一个杰出的军事家，他灭袁绍、擒吕布、破袁术，统一中原，从而结束了北方的乱象。

他也是一个杰出的政治家，他唯才是举，打击豪强大族，稳定乱世危局。

他还是一位优秀的诗人，他的诗歌豪迈激荡、感情深挚、气韵沉雄。他和儿子曹丕、曹植以及“建安七子”共同谱写了建安文学的辉煌，铸就了个性鲜明的“建安风骨”。

如今，曹操早已逝去千年，但对他的议论却从未停息，甚至两极分化。不过曹操也许早就不在乎了，因为自古成大事者，哪个不是被人议论纷纷呢？

人物小传

曹操（155—220），字孟德，一名吉利，小字阿瞒，一说本姓夏侯，沛国谯县（今安徽省亳州市）人。汉末三国时期杰出的政治家、军事家、文学家。

曹操少年任侠放荡，二十岁时举孝廉为郎，授洛阳北部尉。后任骑都尉，参与镇压黄巾军。董卓擅政时，曹操散尽家财，起兵讨董。

建安元年（196），迎汉献帝至许县，从此“挟天子以令诸侯”。建安五年（200），曹操在官渡之战中大败割据河北的袁绍，随后削平袁尚、袁谭，北击乌桓，统一北方。建安十三年（208）进位丞相。同年率军南征，在赤壁之战中败于吴蜀两国联军。建安二十年（215），曹操率兵夺取汉中，次年晋爵魏王。建安二十五年（220），病死于洛阳。

曹魏建立后，被追尊为太祖，谥号武皇帝，葬于高陵。曹操在政治上的功业及其为人，后世评论毁誉参半。他知兵法，工书法，擅诗歌。其诗作气魄雄伟，慷慨悲凉，开建安文学之风。著有《魏武帝集》，已佚，今人辑有《曹操集》。

李　靖

大唐“战神”是如何炼成的

说到中国历史上战神级的人物，我们总会想到白起、韩信、卫青、霍去病，但我们都忽略了一位大唐时期的名将，他从军三十年，从未打过败仗，几乎是仅凭一己之力就打下了大唐的半壁江山，他就是位列“凌烟阁二十四功臣”的大唐名将——李靖。

一说李靖，你可能会想到托塔李天王、陈塘关总兵、哪吒他爹。实际上，李靖是历史上真实存在的凡人，并不是神，但他的赫赫战功却足以和神媲美。李靖这辈子一共打了四场大的战役，却灭了三个国家，分别是南梁、东突厥和吐谷浑。甚至有人说，如果不是因为后来李靖年老未出征，否则连高句丽也一块给端了。

贞观年间，唐太宗为了纪念对大唐开国做出巨大贡献的二十四位功臣，将他们的画像绘于凌烟阁，李靖便位列其中。唐肃宗时期，李靖更位居“武庙十哲”之列。《旧唐书》里用简练的八个字给予了他极高的评价：“才兼文武，出将入相。”

李靖死后，大唐为了表彰他立下的赫赫战功，特依照他生前征战过的突厥铁山、吐谷浑积石山的形状，来修筑他的陵墓，以彰显他的不朽功勋。因此，今天去到李靖的陵墓，你会发现它并不是我们寻常看见的封土形状，而是如同山陵一般蜿蜒曲折。

公元571年，李靖出生在陕西省三原县。虽然姓李，但他和李唐皇室并没有什么关系，他的祖父李崇义曾是北魏的殷州刺史，后来爵封永康公。他的父亲曾官至隋朝郡守，他的舅舅也很了不得，就是隋朝的名将韩擒虎。而出身将门的李靖，自幼便胸怀壮志，想要建立一番不凡的功业。

长大之后的李靖仪表堂堂、身材魁梧，他曾对自己的老爹信誓旦旦地说：“大丈夫若遇主逢时，必当立功立事，以取富贵！”他的舅父韩擒虎时常与他谈论兵法，总是忍不住击节赞叹，有一天他抚摸着李靖满怀期许地说：“可与论孙、吴之术者，惟斯人矣。”

李靖成年后，做了隋朝的一名小官。尽管官职卑微，但他的才干却备受同僚的称赞。吏部尚书牛弘当时夸赞他为“王佐才也！”甚至连权倾朝野的大臣杨素也曾抚着床，对李靖连连夸奖：“卿终当坐此！”

可见，李靖青年时就才干非凡，而且雄心万丈。

隋朝末年，李靖调任山西马邑郡丞，当时的太原留守李渊暗中招兵买马，计划起兵反隋。这个情况被李靖察觉后，出于对隋朝的忠诚，他打算告发李渊。但当时他身在李渊的地盘，难以出去，怎么办呢？

李靖想到一个主意，他悄悄藏进了准备发往长安的囚车，伪装成一名囚犯。就这样，他顺利来到了长安，伺机准备告发李渊。但是很不巧，李靖到了长安之后，整个关中已经陷入了一片战乱，李渊父子的军队也逼近长安附近。当时长安城四处道路封锁，李靖是进退不得。没多久，李渊的军队就攻进了长安，顺势把李靖也给抓了。

这件事儿闹得还挺大，《旧唐书》中称李靖是“自锁上变”，假如当时隋朝气数未尽，那么李靖这一行为堪称是忠臣之举。但问题是，隋朝灭亡了。李渊攻克长安后，为了杀一儆百，这第一件事，就是要砍李靖的人头。李渊要借这个所谓隋朝忠臣的项上人头，来灭一灭隋朝余党的威风。

刑场上，就在刽子手举起鬼头刀，准备砍下李靖人头的时候，一直缄默的李靖突然昂首大喊：“公兴义兵，欲平暴乱，乃以私怨杀壮士乎？”就是说，你李渊举义军，要结束天下的暴乱，难道因为一点私人恩怨就要杀掉我这个有用的人才吗？

这番话果然有用，李渊经过一番考量，最终免了李靖的死罪，但李靖“自锁上变”告发李渊的这一“污点”，最终也成为横亘在他与李唐皇室之间的一道鸿沟。再加上李靖这个人只知道打仗，他不选边、不站队，因此他始终难以成为李家任何一方势力的嫡系。

此后，李靖跟随秦王李世民东征西讨、南征北战，立下了赫赫功劳。当时正是大唐建国初期，天下还没有一统，而南梁的皇族后裔萧铣趁势控制了长江流域，与新生的大唐正面对抗。

这个时候，李渊觉得李靖是个合适的人选，于是将他派往夔州（今重庆市奉节县），去平定萧铣的南梁。当时萧铣的人马控制了蜀地要塞，阻碍了李靖的攻势，以至于迟迟不能前进。

李靖遇阻的消息传到长安，李渊想起从前李靖“自锁上变”告发他的事情，就对他产生了怀疑，认为他是故意滞留不前，意图谋反。因此，李渊秘密传令峡州都督许绍，命他找个机会处死李靖。也是李靖命不该绝，这许绍是个爱才的主，他爱惜李靖之才，于是冒险为他求情，这才让李靖幸免于难。

之后没多久，摸清敌军路数的李靖仅带着八百壮士，大破敌军，还俘虏了对方五千多人，当捷报传到长安时，李渊开怀大笑，对着满朝文武夸赞李靖，并说从前的旧事再也不追究了。

到了武德四年（621），为了彻底剿灭南梁的萧铣，李靖向李渊提出了十条战策。李渊同意了，命李孝恭、李靖相互配合，一起挥军南下。随后，李靖率军接连攻克了夷陵、江陵等地，势如破竹，不到两个月，就消灭了南梁这个江南最大的势力，也为李唐平定整个江南奠定了坚实的基础。

凭借卓著的战功，李靖被加封为上柱国、永康县公。两年之后，李靖又平定了丹阳辅公祏的叛乱。就是因为这场战役的胜利，唐高祖李渊激动地称赞李靖说：“纵然是白起、韩信、卫青、霍去病，也比不上李靖的功绩啊！”

说起来，唐朝初年统一天下的战事，李世民带领军队平定了大唐的北方地区，而李靖则率领军队征服了整个南方疆域。等到天下统一，局势安定，面对西北的边防危机，李靖又被调任为灵州（今宁夏回族自治区吴忠市）大都督，以抵御突厥的进攻。

公元626年五月，李世民计划谋夺太子之位，却没有十足的把握，因此他派人到边关向李靖探问立场和态度，希望能得到他的外部援助。可惜，李靖果断拒绝，却也没有向李渊汇报此事。对于他而言，军人的天职就是打胜仗，不该过问政治。

玄武门事变后，李世民夺取了大权，鉴于李靖在这个过程中置身事外的态度，李世民没有为难李靖，却也不会把他接纳为自己的嫡系。

玄武门事变后不久，李世民登基，就是唐太宗。此时突厥颉利可汗、突利可汗趁李世民刚刚继位，政权未稳，突然发兵入侵泾州，没多久突厥大军又兵临渭水。当时大唐的各州兵马还没能及时赶到京城，靠着长安城内的那点守军根本挡不住突厥的攻势。无奈之下，唐太宗不得不和突厥可汗订立了屈辱的“渭水之盟”。

就在这时，李靖率兵疾驰豳州（今陕西省彬州市），打算拦击突厥，但因唐太宗与突厥的盟约已经达成，只得暂且收兵作罢。

三年之后，内部稳定的大唐王朝决定一雪前耻，于是在贞观四年（630）正月，已经六十岁的老将军李靖仅仅率领三千骑兵，以名将苏定方为先锋，冒着罕见的严寒，顶着没膝的风雪，踏上了北伐突厥的伟大征程。

唐军一路向北，所到之处突厥军队望风而溃。不到一年时间，李靖率领唐军擒获了突厥可汗，东突厥宣告灭亡。这场大捷，彻底消除了大唐的北部边患，使唐朝的疆域扩张千里，领土直达贝加尔湖以北。

五年后，青海一带的吐谷浑骚扰唐朝的边境，此时，已经六十五岁的老将军李靖再度领命出征，仅仅两个月后又剿灭了吐谷浑。

贞观二十三年（649）五月十八日，李靖病逝于长安，享年七十九岁。李世民下诏，让李靖陪葬于自己的昭陵，谥号“景武”。

回顾李靖的一生，他戎马三十载，为大唐帝国的创建立下了汗马功劳，他灭南梁、平内叛，北剿东突厥，西灭吐谷浑，几乎无一败绩。可以毫不夸张地说，李唐王朝几乎一半的江山，都是“战神”李靖用鲜血打下来的。

难能可贵的是，李靖有着极为清醒的认知，他深知功高盖主的危险。尽管在灭了东突厥后，李靖也如同霍去病一般，达到了封狼居胥的高度，但他非但没有居功自傲，还主动给李世民请罪，检讨自己在剿灭突厥过程中的一些失误。

他一生战功显赫，却始终谨慎低调，不与他人争功，以至于后来唐太宗在评价诸位将领时，认为不论是功绩还是人品，没有谁能比得上李靖。

如今，李靖还静静地陪葬在唐太宗的昭陵，每当山风拂过他陵墓的封土，荒草簌簌作响，好似战马嘶鸣，仿佛老将军李靖正顶风朔雪，奔赴在开疆拓土的征程之上。

人物小传

李靖（571—649），字药师（一称本名药师），雍州三原（今陕西省三原县）人。隋末初唐杰出的军事家。

李靖出身陇西李氏丹杨房。初仕隋朝，拜马邑郡丞。后转仕唐朝，随秦王李世民进击王世充。武德三年（620），辅佐赵郡王李孝恭南平萧铣和辅公祏，并招抚岭南诸部。武德八年（625）起在北疆抵御突厥入侵，贞观三年（629）总统诸将北征，以精骑三千夜袭定襄，使颉利可汗部惊溃；又奔袭阴山，一举灭亡突厥。因功拜尚书右仆射，封代国公。

贞观九年（635），李靖以足疾告退，同年再获起用，统军西破吐谷浑。后改封卫国公，世称“李卫公”。晚年多病，阖门自守，不预政事。贞观十七年（643），名列凌烟阁二十四功臣。贞观二十三年（649）病逝。赠司徒、并州都督，谥号“景武”，陪葬昭陵。唐肃宗时配享武成王庙，位列“十哲”。李靖一生征战数十年，为唐王朝的建立和稳固立下赫赫战功。著有《六军镜》《卫公兵法》等多部兵书。

宋　江

历史上真实的梁山领袖

郓城押司貌不扬，深明大义志四方。

聚集一百单八将，替天行道美名扬。

这是《水浒传》中梁山头领宋江的出场诗，诗中说身为郓城押司的宋江，胸怀大义，后来召集了一百零八个英雄好汉，举义造反，名扬天下。

那么，小说《水浒传》中的宋江，历史上到底有没有这个人呢？

实际上，北宋时还真有一个叫宋江的郓城人，只不过他出身农民，而非知识分子。他是因为沉重的租税被逼造反的，而且造反之后，大本营就设在梁山。但是，作为小说的原型，他的经历、事迹与小说《水浒传》里的宋江有着天壤之别。

在小说《水浒传》中，宋江在第十八回才姗姗出场，当时他已是而立之年，仕途卑微，毫不起眼。小说中的宋江身材矮胖、面色黝黑，在山东郓城县的衙门里做一名押司，相当于今天的县政府办副主任或县长的专职秘书。但这个人对本职工作极其娴熟，所谓“刀笔精通、吏道纯熟”，通俗来说，就是能写报告、会来事、黑白通吃，是老江湖里的老江湖。不过最主要的是，他有钱。

究竟多有钱呢？小说中没有直接说他家财万贯，但书中却有这样一番描述：“但有人来投奔他的，若高若低，无有不纳，便留在庄上馆谷，终日追陪，并无厌倦。若要起身，尽力资助。端的是挥霍，视金似士。人问他求钱物，亦不推托。且好做方便，每每排难解纷，只是周全人性命。如常散施棺材药饵，济人贫苦，周人之急，扶人之困。以此山东、河北闻名，都称他作‘及时雨’，却把他比的做天上下的及时雨一般，能救万物。”

也就是说，只要有人来投奔，宋江都花钱养着，要啥给啥，挥金如土，毫不吝惜，所以人送外号“及时雨”。

那他哪儿来的这么多钱呢？小说《水浒传》里说宋江“吏道纯熟”。所谓“吏道纯熟”，实际就是说他深谙官场潜规则，上下玩得转，黑白通吃，所以有大把的灰色收入。当然，这是小说中虚构的宋江。

历史上真实的宋江可没有这么有钱，关于他的史料记载不多，他的真实身份应该是个渔民。而且在历史上，他的外号也确实叫“及时雨”，但并不是因为他有钱、肯花钱，而是因为他有一膀子的力气和仗义的性格，大家都评价“宋之为人，勇悍狂侠”，再加上他乐于助人，因此也就结交了不少江湖上的朋友。

小说《水浒传》里的宋江，他的日子过得相当滋润，半只脚在朝廷，半只脚在江湖，黑白两道通吃，在郓城那个小县城里是逍遥自在、快快活活。而且他一不贪财好色，二不喝酒赌博，反而是苦心经营江湖上的事业，因为他很享受那种江湖豪侠、四海兄弟的快意生活。另一方面，他又很渴望权力，一心想挤进士大夫的行列。可惜出身限制了他的上限，顶破天了他也就是个小吏，往上升不了，那就只能向下发展了，所以宋江苦心经营之后，在江湖上的地位还是很高的。后来，宋江之所以会造反，那是被自己的老婆阎婆惜“逼”上梁山的。阎婆惜碰巧捏住了宋江的把柄，借此狮子大开口，宋江一气之下把她杀了。这下官做不成了，他还成了通缉犯，于是只能落草为寇。但他梦寐以求的还是能够跻身宋朝的士大夫之列，所以在上了梁山之后，他日思夜想，就盼着朝廷能来招安，这一点就和历史上真实的宋江大有不同了。

历史上真实的宋江之所以会铤而走险、起义造反，是因为朝廷断了他与当地人的活路。当时宋徽宗把梁山周围的水域收归公有，渔民想捕鱼，得按船只大小来交税，这就让靠打鱼采藕为生的老百姓一下子连饭都吃不起了。

于是，宋江作为大家公认的“及时雨”，顺理成章地作为领头人站出来反抗朝廷，开始了对抗朝廷的造反生涯。与小说中宋江盼着被招安不同的是，历史上真实的宋江根本不希望被招安。

在小说《水浒传》中，“招安”一直是主要的话题，早在未上梁山前，很多好汉就已经有了招安的情结，第三十二回宋江与武松不期而遇，武松在投靠梁山时，对宋江说道：“天可怜见，异日不死，受了招安，那时却来寻访哥哥未迟。”宋江这样回答：“兄弟既有此心归顺朝廷，皇天必佑。”

当然，《水浒传》一百零八个好汉里也有反对招安的，不过都拗不过领头大哥宋江。为了被朝廷招安，宋江是绞尽脑汁，甚至亲自跑到京城，托关系走后门给宋徽宗传递信息。

便宜没好货，主动投怀送抱的，朝廷反而看不上，所以朝廷一直不拿宋江他们当回事。软的不行那就来硬的，宋江大张军势，以武力相胁迫，两赢童贯，三败高俅，但他这样做还是为了引起官府的注意，以便为接受招安谈一个好的价码。

跟小说里一比，历史上真实的宋江并没有“一百单八将”这样多的兄弟，当时宋江在梁山起义，一时间引来无数渔民和农民加入，人数有千人之众，但是这群散兵游勇里面，能称得上将领的也就只有三十六人。

虽然梁山是举起义旗的地点，但是没过多久，他们就先后攻破了青州、济州、濮州、郓州，起义军的势力范围从山东蔓延到河北，纵横数百里，遍及北方许多郡县。

和小说《水浒传》里的宋江从一开始就想着被招安不同的是，历史上真实的宋江在一开局就拼了命地跟朝廷干仗，朝廷招安他是不可能的，除非把刀架在他的脖子上。然而很不幸，这刀很快就架到他的脖子上了。公元1121年，宋江的起义军已经肆意驰骋了两年，在陆地上横行霸道也就算了，他们还抢了十多艘大型官船，在海上兴风作浪。这些船本来是作为起义军的后路，但也成了他们的弱点。当时朝廷有个叫张叔夜的将领奉命来招安宋江，他事先做好了周密的计划，单等着宋江从海上攻过来。

交战没多久，诡计多端的张叔夜早早部署了带着火引的伏兵，并将起义军引到了岸上。当义军一上岸，他们身后的那些船只很快就被官军点着，燃起了熊熊大火。而来到岸上的宋江起义军，面对数倍于己的官兵，退路又断，为了活命，只能乖乖投降接受招安。

无论是小说里还是现实中，宋江在接受招安之后过得都不好。历史上真实的宋江被招安后也确实是风光了一阵儿，但结局也很惨烈。史载，宋江接受招安在当时是一件大事，起义的三十六位将领一同进京朝见皇帝，朝廷还专门为他们准备了隆重的“入城仪式”，可谓是锣鼓喧天、彩旗招展。

当时有个叫李若水的官员看见这阵仗，写了一首诗：

去年宋江起山东，白昼横戈犯城郭。

杀人纷纷翦草如，九重闻之惨不乐。

大书黄纸飞敕来，三十六人同拜爵。

狞卒肥骖意气骄，士女骈观犹骇愕。

之后，宋江的起义军被编入了官军，参加了包括镇压江浙一带方腊农民起义在内的大大小小的军事行动，打了不少仗。但宋江骨子里根本不想被招安，他是被断了退路才不得已投降的，他还是想跟皇帝再碰一碰，接受招安只是为了保留起义军的力量。

果然不久之后，宋江再次起义，不过这一次还没等他壮大，就被宋军将领折可存镇压，宋江也被杀害。小说《水浒传》明显改写了梁山义军被征服的结局，小说中，宋江等人在招安后，忠心于大宋，但依旧被朝廷猜忌，最后饮鸩而死。

相比于历史上真实的宋江，小说《水浒传》让宋江的形象更加丰满，成了一位有血有肉的“江湖教父”。但这毕竟篡改了历史，假若历史上真实的宋江看到自己在小说中的形象，他又该作何感想呢？

人物小传

宋江（？—1122），北宋末年郓城（今山东省郓城县水堡乡宋家村）人，宣和年间梁山起义军领袖，也是施耐庵小说《水浒传》中宋江的历史原型和核心人物。

北宋末年，统治者们花天酒地，底层百姓饥寒交迫，继而引发各地农民起义。宣和元年（1119），北宋朝廷强令将梁山泊收归“公有”，宋江等人随即领导当地渔民起义，由此展开了以梁山为根据地的北方农民起义。

公元1121年初，宋江率领起义军挺进江苏地区，后被守将张叔夜设伏，只得姑且向张叔夜投降接受招安，以保存实力。宣和四年（1122），宋江重新举起了义旗。可惜起义很快就被宋将折可存镇压，宋江等人惨遭杀害，梁山农民起义就此被扑灭。

随着《宋人话本》尤其是《水浒传》广泛流传，宋江和梁山英雄备受后世传颂，影响广远。

岳　飞

尽忠报国的民族英雄

绍兴十一年（1141），农历腊月二十九日，再过一天就是除夕了。南宋的都城杭州城内张灯结彩，家家户户都在忙着迎接新年。入夜时分，大雪倏忽而至，凛冽的寒风夹杂着雪片漫天飞卷，瞬间就给杭州城披上了一身素服。

临近西湖，有一座亭子，因它靠近西湖边上，风波浪涌，故名风波亭。此时的风波亭，伫立在风雪之中，早已裹上了一身素白的银装，任凭寒风呼号。

亭中挺立着一位身着囚服、满身血污的壮年男子，他望向北方，眼含热泪。他即将走向死亡，而带给他死亡的却只有三个字——莫须有。

他，就是中国历史上著名的民族英雄——岳飞。

他的抱负、他的忠贞、他的热血和他满心满眼的北方故国，都将在这一夜和他一起被葬入在这肮脏的尘世。他再也不能横枪立马、收复中原了，那就让这一切都融化在这漫天的风雪中吧！他累了，慢慢地闭上了双眼，一行热泪划过脸颊，滴落在洁白的雪地上，疏忽无声。

当夜，岳飞被南宋朝廷以莫须有的罪名杀害于风波亭，终年三十九岁。

时间回到北宋崇宁二年（1103）的春天，岳飞出生于今天河南的汤阴县。据说岳飞出生之时，一只状若天鹅的大鸟展翅盘旋在他家的屋顶上方，发出阵阵鸣叫声。于是，他的父母就为他取名为飞，字鹏举。

岳飞从少年时代起，就显得与其他孩子有所不同，他性格沉静少言，志向也很高远。此外，他酷爱读书，尤其好读一些史书、兵书，如《左氏春秋》《孙武兵法》之类，这也为他后来统帅三军奠定了基础。

与其他读书人不同的是，岳飞不仅能文，而且武功了得。小说《说岳全传》中说岳飞的师父是北宋年间的武林高手周侗，此人在小说《水浒传》里，又是林冲、卢俊义、史文恭、武松、鲁智深等人的师父。

不过，在《宋史》及岳飞之孙岳珂的《金佗续编》中，岳飞的第一任师父是他的同乡老前辈，名叫周同。岳飞年轻时曾拜他为师，专门学习射箭，没几年就能左右开弓，成为数一数二的神箭手。后来，在外公姚大翁的引荐下，岳飞又拜在当时名扬天下的枪手陈广的门下。在陈广的教导下，岳飞勤学苦练，枪法一日千里，短短两年就成为汤阴县的少年枪王，几乎无人能敌。

宣和四年（1122），为了抵御辽国的侵袭，朝廷广招“敢战士”。岳飞听说后，怀着一腔热血前去应征，经过层层选拔，刚满二十岁的岳飞被任命为其中的一名分队长。由此，岳飞开始了他的军旅生涯。

然而，就在岳飞入伍的同一年，父亲不幸去世，岳飞不得不离开军队，回家奔丧守孝。几年之后，金人灭了辽国，继而大举南下，趁机入侵中原，在此局势下，岳飞再次前往军中。

临行之前，母亲姚氏为了激励儿子英勇奋战、忠心报国，特意在岳飞的背上，用绣花针刺了“尽忠报国”四个大字，针刺深入肤里，鲜血直流，她以这种决绝的方式将爱国之情深深刻进了岳飞的心中。

岳飞投军之后，很快就崭露头角。他先是跟随刘浩部队在康王赵构统辖的河北兵马大元帅府下任职，后来归入副元帅宗泽的帐下。当时，岳飞与金兵交锋十余次，无一败绩。于是，他先是被升为修武郎，仅仅几个月后又被升为武翼郎。

就在岳飞的戎马生涯崭露头角之时，靖康之变爆发。靖康二年（1127），北宋都城东京汴梁被金兵攻陷，宋徽宗和宋钦宗父子沦为金人的阶下囚。自此，北宋灭亡。

北宋灭亡时，金人对赵宋皇室予以极大的羞辱，酿成了中国历史上“自古亡国之耻辱，未有如赵宋者”的靖康之耻。当时，金人向宋廷提出了极高的赔款数额，即黄金一千万锭，白银两千万锭，绢帛一千万匹。由于金军提出的赔款数额巨大，宋廷根本无法在短时间内筹集到这么多的财物。于是，金军提出了更加无耻的要求：倘若无法按时交割赔款，可以将皇室贵族女人作价卖给金军，来抵充赔款的缺额。这些具体的价格在史料上有清楚的记载：帝姬和王妃每人一千锭金，宗姬每人五百锭，族姬每人两百锭金，宗妇每人五百锭银等。在当时，可以说几乎所有的赵宋皇室女子都沦为了金人的女奴。这场亡国的代价极其惨重和屈辱，也让整个赵宋皇室颜面全无。

靖康之变爆发的当年八月二十四日早晨，金军逼迫徽、钦二帝及一众皇子、皇妃、公主们齐刷刷地跪伏在金人的宗庙前，他们被剥去上衣，身上披着羊皮，脖子上套着绳索，像驯服的羊一样被牵着，被迫向宗庙里的金人祖宗行牵羊礼。这个过程中，种种对人格的践踏，对妇女的凌辱，可谓极尽羞耻，令人发指。

与此同时，身在应天府（今河南省商丘市）的康王赵构即位，即宋高宗。面对新帝登基，身在军营的岳飞怀着一腔拳拳热忱，大胆向宋高宗上书，希望他招揽天下英才，积极讨伐金人，恢复中原。

然而，宋高宗赵构早被金人吓破了胆，他根本无心收复中原，还以“小臣越职，非所宜言”的罪名将岳飞革除军职，赶出了军伍。不过这小小的挫折并没能动摇岳飞的抗金决心，他很快再次从军，加入当时“声满河朔”的抗金名将张所的帐下。

由于岳飞才干非凡，而且武艺超群，张所先是将他提拔为修武郎，而后又将他升为统制。

然而当时朝中以高宗赵构为首的主和派一意避战，还破坏好不容易才建立起来的抗金形势。先是坚决主战的李纲被罢相，继而张所又被发配岭南，死于贬谪的途中。而随着张所的去世，岳飞一军在北方成了一支孤军。

李纲罢相后，东京留守宗泽成为北方抗金的核心领袖，于是岳飞带领人马来到老将宗泽的帐下，继续抗金。随后，岳飞屡立战功，宗泽也积极筹划北伐的大计。然而，宗泽的北伐始终没能得到宋高宗赵构的批准，终致老将军含恨离世，宗泽临死前还高声大呼："过河！过河！过河！"

老将宗泽死后，岳飞坚持抗金，并因军功先后被提拔为武略大夫、武德大夫、英州刺史等职。然而，岳飞的积极抗金并未换来朝廷的支持，也没能改变南宋主和的政策基调。

当时以高宗赵构为首的主和派一路溃逃，岳飞也只能率军随之南下。

到了公元1129年冬，长江南岸的建康城（今江苏省南京市）也丢掉了。此时的岳飞率部独自转战于金军的后方，他招抚溃兵，抵御金军，并于公元1130年五月收复了失陷的建康城。在这场战役中，岳飞率军斩杀金兵约三千人，生擒金军头领二十多名，俘虏千余人。由此，岳家军声威大振。

收复建康的五月下旬，岳飞亲自押解战俘去高宗皇帝的行在（指皇帝居住或停留的地方）越州，这是他生平第一次觐见宋高宗赵构。鉴于主和并未能换来想要的"和平"，赵构认可了岳飞的抗金主张，并赐予岳飞金带、马鞍等物，以示嘉奖。

当年六月十五日，岳飞率军回到宜兴驻地，他在宜兴西南张渚镇的五岳祠题写了一篇慷慨激昂的《五岳祠盟记》，其中说："迎二圣，归京阙，取故地，上版图，朝廷无虞，主上奠枕，余之愿也。"这是刚满二十八岁的岳飞在神明面前立下的一份庄严誓词。

公元1134年四月二十九日，岳飞率岳家军由江州（今江西省九江市）向鄂州（今湖北省武昌市）挺进，准备收复被金人占领的襄阳六郡。在从武昌乘船渡江北上时，岳飞大声宣示："飞不擒贼帅，复旧境，不涉此江！"五月五日，岳家军兵临应州城下。六日黎明，岳家军向应州发起总攻，仅仅一天，应州即被收复。随后，岳飞兵分两路，接连攻克了随州、襄阳、邓州、唐州、信阳等地。不到三个月，襄阳六郡尽被收复。

这场大捷后，岳飞将军队驻扎在鄂州城，鄂州也就成了岳家军的大本营。岳飞登上了著名的黄鹤楼，他北望中原，写下了《满江红·登黄鹤楼有感》：

遥望中原，荒烟外、许多城郭。想当年、花遮柳护，凤楼龙阁。万岁山前珠翠绕，蓬壶殿里笙歌作。到而今、铁骑满郊畿，风尘恶。

兵安在？膏锋锷。民安在？填沟壑。叹江山如故，千村寥落。何日请缨提锐旅，一鞭直渡清河洛。却归来、再续汉阳游，骑黄鹤。

就在岳飞誓要收复中原之际，宋高宗赵构却在积极与金人议和。公元1138年十一月，金朝派出江南招谕使张通古、萧哲携带诏书来南宋讲和。腊月二十七日，秦桧以宰相身份代表宋高宗赵构跪在金使脚下，宋帝奉表称臣承认宋朝为金国的藩属，接受金朝赐给的河南之地，并每年供奉银两、绢帛。至此，南宋与金朝的第一次和议达成。

听闻和议达成，岳飞极不赞同，他誓要收复中原，复仇报国。然而，赵构当国，秦桧当权，岳飞空有一番报国壮志，却也只能无可奈何。

次年秋天，金朝发生内乱，主战派金兀术晋拜都元帅，兼领行台尚书省，成为金朝新的掌权者。到了绍兴十年（1140）五月，金兀术单方面撕毁宋金和议，统领十万大军，气势汹汹要攻取河南、陕西。迫于形势，宋高宗赵构和宰相秦桧不得不暂时改变态度，命令众将迎击来势汹汹的金军。

岳家军在得到朝廷的诏令后，激情满怀地立刻率军出征。没过多久，朝廷接连获得岳飞的捷报：岳家军先后攻破盐城、颍昌等地，逼得金兀术一再败退。与此同时，岳飞还联合北方的义军收复了黄河南北的大片失地，连金军不可一世的铁浮屠、拐子马也被岳家军破解。这让原本野心勃勃的金兀术，如丧家之犬一般逃离了汴梁，退回了北方的草原。甚至金国大将韩常眼见岳家军的战斗力，觉得无法抵抗，于是暗中派人向岳飞请求投降。这频传的捷报，让岳飞雄心万丈，他向身边的将士们豪迈地说："直抵黄龙府，与诸君痛饮耳！"。

然而，就在岳家军进抵朱仙镇（今属河南省开封市），将金兀术撵出汴梁、收复中原指日可待之际，岳飞却在一天之内，接连收到了南宋朝廷的十二道金牌，疾命他速速班师回朝。岳飞无奈领命，当时他悲愤地慨叹道："臣十年之力，废于一旦！"

而此时逃回北方的金兀术也被岳飞揍得早已不复往日的嚣张气焰，转而与南宋谋求和议。他派人给秦桧送密信说："必杀岳飞，而后和可成也。"

最终，在宋高宗赵构的默许下，秦桧等人开始炮制岳飞的罪名，并于公元1141年十月十三日将岳飞打入了杭州大理寺的大牢。

当时的名将韩世忠正赋闲在家，他听闻岳飞入狱之事，愤而前去质问秦桧，岳飞到底犯了什么罪。秦桧无言以对，只好搪塞说："飞子云与张宪书虽不明，其事体莫须有。"

韩世忠听罢，更加气愤，大声抗议："'莫须有'三字，何以服天下？"

当年腊月二十九，岳飞于杭州大理寺的风波亭被秘密杀害。

相传，岳飞入狱前曾填下一阕词，就是被后人传诵千载的《满江红》：

怒发冲冠，凭栏处、潇潇雨歇。抬望眼、仰天长啸，壮怀激烈。三十功名尘与土，八千里路云和月。莫等闲、白了少年头，空悲切。

靖康耻，犹未雪。臣子恨，何时灭。驾长车踏破，贺兰山缺。壮志饥餐胡虏肉，笑谈渴饮匈奴血。待从头、收拾旧山河，朝天阙。

人物小传

岳飞（1103—1142），字鹏举，相州汤阴（今河南省汤阴县）人，祖籍东昌（今山东省聊城市），南宋时期抗金名将、军事家、书法家、诗人，位列南宋“中兴四将”之首。

他少年习武学书，二十岁投军作战。建炎二年（1128），岳飞来到宗泽帐下，参与、指挥大小战斗数百次。金军攻打江南时，岳家军独树一帜，收复建康。绍兴四年（1134），收复襄阳六郡。绍兴六年（1136），岳飞率师北伐，顺利攻取商州、虢州等地。绍兴十年（1140），完颜宗弼毁盟攻宋，岳飞挥师北伐。岳家军先后收复郑州、洛阳等地，在郾城、颍昌大败金军。进军朱仙镇时，被朝廷以十二道金牌催令班师，继而受秦桧、张俊等人诬陷入狱。

1142年，岳飞被以“莫须有”的罪名，与长子岳云、部将张宪一同遇害。宋孝宗时，平反昭雪，改葬于西湖畔栖霞岭，追谥武穆，后又追谥忠武，封鄂王。

岳飞征战一生，为南宋收复大片失地。他治军严整，率领的岳家军让金人有“撼山易，撼岳家军难”之叹。岳飞文才卓越，其词作《满江红》是千古传诵的爱国名篇，后人辑有文集传世。

奇才篇

张　良

运筹帷幄中，决胜千里外

在英杰辈出的中国历史上，有位智者被后世膜拜了两千多年，他运筹帷幄之中，决胜千里之外。待功成之后，他又急流勇退，隐逸山林。他被后世尊为智者的化身，万世的楷模。苏轼在年轻时曾作文赞之："天下有大勇者，卒然临之而不惊，无故加之而不怒。"

他，就是辅佐汉高祖刘邦夺取天下的汉初三杰之一、千古"谋圣"——张良。

张良，字子房，出身战国末年的韩国贵族，据说他年轻时长相俊美，虽然身体并不强壮，然胆略非凡，素有豪侠之气。公元前230年，秦国灭了韩国。当时，张良聚集家里的三百多位仆从，并散尽全部家财招募各地勇士，开始了他的抗秦事业。

后来，他为了行刺秦始皇，暗地里招募了一位大力士，并为其打造了重达一百二十多斤的巨型铁椎，然后静待时机。

公元前218年，秦始皇巡游东海，途经博浪沙（今河南省原阳县），张良等人早已提前埋伏在附近的高处，等队伍靠近时，他让大力士朝着秦始皇的车辇投出了那只巨大的铁椎。可惜的是，当时大铁椎砸中的是副车，秦始皇才逃过一劫，这就是成语"博浪飞椎"的由来。后来，唐朝大诗人李白在读到张良的这段故事后，写诗赞曰："沧海得壮士，椎秦博浪沙。"

话说张良刺秦失败，遭到通缉，只能隐姓化名，一路逃亡到了下邳

（今江苏省邳州市邳城镇）。一天，他在沂水的圯桥头遇到了一位神秘老者，张良并不知道，那老者就是如鬼谷子一般的当世隐者黄石公。当时，黄石公故意把鞋子扔到桥下，然后让张良捡上来，还让他给自己穿上。张良恭恭敬敬地照做，从而获得了黄石公的青睐。于是，黄石公就对张良说："五天后，天明的时候来圯桥见我。"结果，张良前两次都迟到了，遭到黄石公的斥责。直到第三次，他夜半时分早早来到圯桥，黄石公这才感到满意，觉得他确属可造之才，就传授他一部《太公兵法》，并让他勤加研习。

此后，张良苦读《太公兵法》，终于一朝顿悟、脱胎换骨。

公元前210年，秦始皇驾崩于邢台沙丘宫。随后，陈胜、吴广在大泽乡揭竿而起，各地起义军纷纷响应，一时间，天下烽烟四起。当时张良觉得时机已经成熟，他随即出山，并借助项羽之力，促使韩国复国。

后来，张良被刘邦借调来辅佐自己，于是他为刘邦出谋划策，最终让刘邦先入咸阳，夺得了头功。刘邦进了秦国的咸阳宫后，一度迷失其中，沉溺于美女广厦之中，是张良为他分析利害，警醒了刘邦。随后，张良又建议刘邦"约法三章"，使刘邦大得民心。

之后，项羽也来到了咸阳，他手下的谋士范增劝他鸿门设宴，席间杀掉刘邦。正是靠着张良的拼力周旋，刘邦才摆脱了危机。

刘邦被封汉中王后，在进入汉中的途中，张良建议刘邦烧毁栈道，以消除项羽的猜忌，同时可以防备他人的偷袭。于是，刘邦进入汉中时将沿途栈道全部烧毁。此后，刘邦在汉中励精图治，积极修整，这才有了后来的"暗度陈仓"。

不久后，刘邦又攻入关中，平定三秦，坐稳了关中王的位置。

不过，张良毕竟是韩国的宗室贵族，后来他还是回到了韩国，去辅佐韩王。公元前206年，楚霸王项羽做了他人生中最错误的决定，他意气用事，诛杀了韩王。而项羽这个愚蠢的决定，彻底将张良逼到了他的对立面。随后，张良回到刘邦的身边，并被刘邦封为成信侯。至此，张良朝夕辅佐汉王刘邦，成为他的核心谋臣。

公元前205年，刘邦彭城惨败，逃往下邑。张良为他谋划：利用实力强大的两位诸侯王英布、彭越与项羽之间的嫌隙，离间他们反攻项羽；同时提拔和重用韩信，对他委以重任，发挥他的军事才能。倘若刘邦拥有英布、彭越、韩信这三位英杰，那么项羽必将失败，夺取楚国也必然指日可待。这就是古代军事史上著名的“下邑奇谋”。

此后，刘邦听从张良的计策并付诸行动，从而使项羽被诸侯孤立。反观刘邦这边，因为张良的谋划，以刘邦为核心的军事联盟逐渐形成，刘邦的实力因此大增。从此，楚汉之间的战略格局开始向刘邦一方倾斜，刘邦也从防守之势转向大举进攻。

公元前204年冬，汉王刘邦亲自率领部分汉军坚守荥阳，而楚霸王项羽则亲自率军兵临城下。当时，刘邦不免有些惶恐。这个时候，他的另一个谋士郦食其对他建议说：“昔日商汤伐夏桀，周武王伐纣王，都分封了夏、商的后裔，从而让局势稳定，并取得了胜利。如今，秦朝丧德失义，吞灭六国，使其后代无立锥之地。假如大王能分封六国后裔为王，这样君臣百姓就会对大王感恩戴德，那么项羽就被孤立起来，他将来也会恭敬地前来朝谒大王。”

刘邦听罢大喜，说：“先生此计甚好！此事还须有劳先生操心督办。”于是郦食其就代理汉王开始部署此事。而刘邦呢，他见规划已定，顿时觉得放松了好多，就安安稳稳地坐下来准备用餐。

正巧这时张良求见，刘邦招呼他说：“子房来得正好，我有一事与你商量。”接着，刘邦就告诉了他关于分封六国后裔的行动计划。张良听了，脸色突变，不解地问：“这是谁的主意？这下全糟了！”

张良一激动，顺手就抓起筷子，继续为刘邦解释：“请允许我借用大王的筷子为你指画当下的局势。商汤伐夏桀而封其后裔，是因为汤完全有能力置夏桀于死地。如今大王有吞灭项羽的把握吗？”刘邦沉吟道：“不能。”张良用筷子在空中一划，然后接着说：“这是一不可。

武王分封纣的后裔，同样是因为他有足够的把握杀掉纣王。如今大王有把握取得项羽的项上人头吗？”汉王说：“不能。”张良点点头：“这是二不可。”张良一连举了七条不能搞分封的理由，最后说：“天下豪杰背井离乡，跟随你转战南北，无非是期望在助你取得天下后，能够得到封赏。现在大王要立六国的后裔为王，那么跟随你的众多豪杰之士会怎么想？他们还有什么指望呢？还会为你尽心效力吗？倘若人心一散，您还靠谁来打天下呢？”

刘邦听后，恍然大悟，后悔不迭，口中喃喃骂道：“郦食其这个腐儒，险些坏了本王的大事！”

随后，刘邦把郦食其找来，大骂一通，吩咐他立即取消原定的计划。可以说，正是因为张良的及时谏阻，才让刘邦在关键时刻悬崖勒马，避免了一场致命的错误。

经过四年的楚汉之争，最终刘邦将项羽围困于垓下。眼见大势已去，项羽不得已自刎于乌江岸边，刘邦终于取得了整个天下。可以说，正是刘邦拥有运筹帷幄、决胜千里的“谋圣”张良，他才得到了江山社稷，开创了汉朝的伟大基业。

不久，张良建议刘邦定都长安，还劝刘邦封赏了他最瞧不起的雍齿，借此稳定人心。后来刘邦曾感叹道：“夫运筹策帷帐之中，决胜于千里之外，吾不如子房。镇国家，抚百姓，给馈饷，不绝粮道，吾不如萧何。连百万之军，战必胜，攻必取，吾不如韩信。此三者，皆人杰也，吾能用之，此吾所以取天下也。”在刘邦看来，张良一人之谋，可抵百万雄兵，是自己创业过程中最得力的股肱之臣。

老子说：“功遂身退，天之道也。”张良深谙道家的处世思想，他清楚刘邦建国之时，就是他张良的隐退之际。因此，当刘邦打算赐他食邑三万，并让他自己选择齐地最富饶的地方作为封地时，张良推辞了。他最终选了当年与汉王最初相遇的小小县城留地（今江苏省沛县东南），因此他被刘邦封为留侯。

回顾张良的一生，从显赫的贵族公子到亡命天涯，再到辅佐刘邦开国，而后又急流勇退，抛却世间俗事，随赤松子游。试问，上下五千年，除了张良，又有几人能够达到这种境界呢？

人物小传

张良（？—前186），字子房，颍川城父（今河南省郏县）人，一说新郑（今河南省新郑市）人。秦末汉初杰出谋臣、政治家，西汉开国功臣，与韩信、萧何并称为“汉初三杰”。

张良生于战国末期的韩国相门之家，祖辈在韩国的都城阳翟任过五代韩王之相。韩国灭亡后，少年张良流落他国，曾谋划刺杀秦始皇，但未能成功。后来，他受高人黄石公指点，被授一卷《太公兵法》，研读有成。

此后，张良成为刘邦的重要谋士之一。曾力劝刘邦在鸿门宴上卑辞言和，保存实力，并疏通项羽季父项伯，使得刘邦顺利脱身。他凭借出色的智谋，协助汉王刘邦赢得楚汉之争，夺取了关中，建立汉朝，被封为留侯。张良精通黄老之术，不恋权位，晚年随赤松子云游四海。汉高后二年（前186）去世，谥号文成。

班　超

投笔从戎的超世之才

公元73年，西汉长安城内，一位正在抄书的中年文士将手中的笔扔掉，慨然长叹："大丈夫无它志略，犹当效傅介子、张骞立功异域，以取封侯，安能久事笔砚间乎！"随后，他投身军伍，并在日后的岁月里建立了一番耀眼的不世之功。

他就是东汉时期杰出的军事家、外交家，"投笔从戎"的主人公——定远侯班超。

班超出身于儒学世家、书香门第，是右扶风平陵县（今陕西省咸阳市）人。他的父亲班彪精通儒学和史学，是当时著名的文学家。哥哥班固更是青出于蓝而胜于蓝，所撰《汉书》入列"前四史"。作为"汉赋四大家"之一，班固所写的《两都赋》更是成为"京都赋"的范例。公元89年，班固随大将军窦宪北击匈奴，取得大胜，其所作的《封燕然山铭》，被作为大汉的荣耀，镌刻在了今蒙古国杭爱山的石壁之上。班超的妹妹班昭也非寻常女子，她后来成为宫廷后妃们的老师，在当时被尊称为"大家"。

班超就生长在这样一个学术氛围浓厚的家庭里，他的文学功底自然也是相当了得。然而他却志不在文，他希望效法张骞、傅介子，立功异域，以建不世之功。于是，他投身军伍，来到军中。

当时，汉朝经历了王莽之乱，西汉灭亡，东汉刚刚建立几十年。自王莽之乱后，西域诸国渐渐脱离汉朝的管辖，并被北匈奴逐渐控制。而北匈奴因此得到了大量的人力、物力，实力大增，于是开始蠢蠢欲动，屡次进犯汉朝边境地区。

针对这种情况，汉朝派奉车都尉窦固领军出击北匈奴，当时班超也以代理司马的身份随军出征。此时，班超已经四十二岁了，这是他第一次走上征途。随后，班超很快在军中崭露头角，他作战非常勇敢，并亲自率兵攻入伊吾（今新疆维吾尔自治区哈密市），斩杀了大量匈奴人。这次战役后，班超受到窦固的格外器重，认为他是一个不可多得的人才。

不久之后，窦固委派班超出使西域，去分化和瓦解匈奴在西域诸国的势力。就这样，班超仅带着三十六个兄弟，凭借他无比的胆识和智慧，开始了他“以夷制夷”的外交生涯。

班超一行最先抵达的是鄯善国，鄯善就是曾经的楼兰国，西汉时期成为汉朝的屯军治所，然而随着王莽之乱，西汉灭亡，鄯善国也逐渐被匈奴控制。当班超率领东汉使团来到鄯善国后，鄯善王对来自大汉的使臣十分热情，一连几日都设宴款待。

谁知仅仅过了几天，鄯善王对他们的态度突然变得疏远起来。于是班超立即派人打探消息，原来是匈奴的使者来到了鄯善国。鄯善王惧怕匈奴人，不得不刻意疏远汉朝使臣。

听闻匈奴人来到鄯善国，班超觉得立功的机会到了，他决定先下手为强。就在当天夜里，月黑风高之时，班超率领一行人就摸进了匈奴使团的营地。随后，他们放起大火，并让一拨人埋伏在营地的入口，而后另一拨人冲杀进匈奴使团的营帐。一番战斗之后，匈奴人全部被杀，无一逃脱。

第二天，当班超等人将匈奴人的脑袋摆在鄯善王的面前时，鄯善王大吃一惊，当即表示归顺汉朝，并答应将自己的儿子送到长安去作人质。

班超此行让窦固深为赞赏，他将班超的事迹上奏汉明帝。汉明帝大为欣喜，嘉奖了班超，并擢升他为军司马。

不久后，班超被派遣再次出使西域。这一次，班超还是带着自己的三十六个兄弟，一行人这次出使的是于阗国。于阗是当时西域的一个大国，刚刚打败了邻近的莎车国，因此于阗王广德有些骄傲自大，显得盛气凌人，对班超率领的汉朝使团并不怎么热情。甚至连于阗的巫师也不把班超等人放在眼里，他出言不逊、傲慢无礼。

有一天，于阗国的巫师说："天神发怒了，你们不该与汉朝亲近。汉使有一匹浅黑色的马，赶紧把这匹马牵来祭祀天神，否则就将大祸临头！"听到于阗国巫师的这番话，班超表示可以把马献出来，但必须要巫师自己来取马。等巫师大摇大摆地来取马时，班超不由分说就砍下了巫师的人头，随后他提着巫师的人头去见于阗王广德。

广德早就知道班超在鄯善诛灭匈奴使团的事，知道班超很有能力，此时看到班超连通神的巫师都敢杀，他大为惶恐，于是就乖乖归附了汉朝。随后，班超代表大汉朝廷，重赏了广德和他的臣下。

随着于阗的归附，南道的其他小国也就纷纷归附了大汉。

到了公元74年，班超一行来到了更远的疏勒（今新疆维吾尔自治区疏勒县）。这个时候，疏勒国的国王并不是疏勒人，因为几年前龟兹攻破了疏勒，杀死了疏勒王，随后派了一个叫兜题的龟兹人来做疏勒国的国王。兜题统治疏勒国期间荒淫残暴，疏勒人对他都很不满。

班超获知这个情况后，心中便有了打算。他命使团驻扎在疏勒国的附近，让一位骁勇的部下田虑前去劝降疏勒王兜题，倘若兜题不服，就将他抓回来。田虑只身来到疏勒王宫，果然兜题不服，于是田虑趁其不备，将他劫持，并将他带回到班超那里。之后，班超带领手下进入疏勒城，他安抚疏勒人民，并扶立原来疏勒王的侄子为新国王，疏勒人无不庆贺，都请求班超处死兜题。

然而班超并没有处死兜题，他对疏勒人说："杀掉兜题易如反掌，但这样做会增加龟兹和疏勒的仇恨，日后疏勒恐怕会有大患。不如把他放回去，让龟兹人知道大汉的仁义。”

就这样，班超两次出使西域，仅凭三十六人，就让鄯善、于阗、疏勒以及其他一些西域小国再次归附了汉朝。

此后，班超依托大汉的威名，借助西域诸国的势力，组建了西域联军，他通过外交手段与一连串的军事行动，先后降服了月氏、姑墨、龟兹、温宿等国，使大汉的威名远播四方。

公元91年，汉和帝任命班超为西域都护。

公元94年，班超又讨平了焉耆、危须和尉犁等西域的其他几个国家，由此西域全境得以归附汉朝，彻底打通了丝绸之路。次年，班超因其显赫的功勋，被朝廷封为定远侯，后人因此称他为“班定远”。

公元97年，班超派甘英出使更加遥远的大秦，也就是当时的罗马帝国，使得汉朝与西方加强了联系与交往。公元100年，白发苍苍的班超思乡心切，他上书朝廷，请求回到故乡。两年后，班超返回了洛阳。就在这年的秋天，这位大汉英雄带着无比的荣耀，安然离世。

二十年后，班超的儿子班勇被派遣到了西域，再次掌控西域之地。班超父子两代人先后在西域建功立业、彪炳青史，受到万世的景仰。

人物小传

班超（32—102），字仲升，右扶风平陵县（今陕西省咸阳市）人。东汉时期著名军事家、外交家。他是史学家班彪的幼子，著名史学家班固之弟，班昭之兄。

班超年轻时因不甘于为官府抄写文书，投笔从戎，随窦固出击北匈奴。而后出使西域，收服西域部分地区。汉章帝即位后，迫于北匈奴侵扰而放弃了对西域的控制，独留班超在西域，并为其增兵千余。汉和帝永元二年（90），班超击败自中亚来犯的月氏（贵霜帝国）。次年重新收服了西域部分国家，受命为西域都护。永元六年（94），收服西域五十多个国家，并使条支、安息及其他诸国皆遣使朝贡。次年被封为定远侯，世称“班定远”。永元九年（97），派甘英出使大秦（罗马帝国）。永元十四年（102），因年迈返朝，被拜为射声校尉。不久病逝，葬于雒阳邙山。

班超经营西域三十余年，对内平定诸国内乱，对外抵御强敌，为政宽简、吏士团结、人心向附、威信很高。自汉置西域都护以来，以班超功绩最为卓著。

蔡　伦

身陷宫廷漩涡的发明家

在陕西省汉中市洋县的龙亭镇龙亭村，埋葬着一位东汉时期伟大的发明家，他就是中国古代四大发明之一造纸术的改进者——东汉龙亭侯蔡伦。

20世纪70年代，在美国学者麦克·哈特所著的《影响人类历史进程的100名人排行榜》一书中，东汉发明家蔡伦赫然在列，并且名列第七，仅次于孔子。他还登上了美国《时代》周刊，被誉为“有史以来的最佳发明家”。他多才多艺，堪称能工巧匠，不仅改进了造纸术，还擅长制造刀剑弓弩。比如，后世皇帝御赐臣子的尚方宝剑，据说就是蔡伦最早打造的。东汉学者崔寔在《政论》中说：“有蔡太仆之弩及龙亭九年之剑，至今擅名天下。”

说起来，作为伟大发明家的蔡伦，他的职业并不伟大。他是东汉皇宫里的一名宦官，一度还权倾朝野。能够在险恶的深宫之中混得风生水起，又作出如此多的发明创造，可见蔡伦的智商、情商都非常了得。他少年入宫，一生经历两后四帝，后来更是位列九卿，封侯觅爵，可谓是功成名就。然而，宫廷之中勾心斗角、步步惊心，最终也让他陷入不可避免的人生悲剧。

虽说蔡伦被安葬在今天陕西的洋县，不过蔡伦并非陕西人，而是湖南人，他出生在湖南桂阳县的一个铁匠世家。童年时，他在当地求学读书，当许多孩子满口之乎者也、读诵孔孟之道时，他更感兴趣的却是冶炼、铸造、种麻和养蚕。

少年时期的蔡伦非常聪慧，他才学过人，备受时人的赞扬。汉明帝永平年间，蔡伦被父母送进了皇宫，做了一名小宦官。关于蔡伦为什么会进宫当太监，史书中并没有明确说明。然而无论如何，身为宦官，蔡伦是不幸的，但也因此而进入了权力的中心，因为两汉政治的一个特色就是外戚和宦官专权，皇帝往往会借助身边宦官们的力量来平衡朝局，这就给了太监们许多参与朝政的机会和权力。宦官大多会拥有一定的参政权，甚至执掌兵权。

在这样的政治背景下，蔡伦从最初的一个小太监，逐渐走上历史的舞台。他凭借自己的聪明机智，又勤于做事，入宫不到两年就当上了小黄门——相当于太监的小头目。不久后，为人勤快又聪明的蔡伦很快又升为黄门侍郎，这已经是皇帝的近侍了。

当时，汉明帝已经驾崩，新登基的汉章帝宠幸宋贵人，并将宋贵人生的儿子刘庆立为太子。这个时候，蔡伦在窦皇后的手下当差。窦皇后因为没有子嗣，为了能保住自己的地位，她千方百计想除掉宋贵人。于是，窦皇后一面暗中派窦宪、窦笃等家族亲信四处搜罗宋贵人的种种过失，一面指使手下的蔡伦等人，多方构陷污蔑宋贵人。

有一次，宋贵人生了病，也不知是听哪个人说兔子能治病，宋贵人就立即发动亲戚朋友去找，不幸这事恰好被伺机整她的窦皇后作了文章。窦皇后立即让她的跟班儿蔡伦上书诬陷宋贵人“挟邪媚道”，“欲为厌胜之术”，于是，宋贵人被逮捕下狱。这事儿还牵连到了太子刘庆，刘庆被批评为“失惑无常”，贬为清河王。

宋贵人被逮捕下狱，审案人恰好就是蔡伦。宋贵人知道自己活不了，于是在狱中服毒自尽。此后，在窦皇后的指使下，蔡伦又陷害汉章帝的另一个宠妃梁贵人，并且将梁贵人之子刘肇谋夺给窦皇后做了嫡子。随后，作为窦皇后嫡子的刘肇被立为太子，成了新任储君。

在蔡伦等人的助力之下，窦皇后如愿以偿实现了自己的目的，从此高枕无忧。

公元88年，汉章帝驾崩，年少的太子刘肇继位，是为汉和帝，而窦皇后则成为太后。随后，窦太后的铁杆跟班儿蔡伦被提拔为中常侍，侍奉新皇帝，并有权参与朝中各种政务。

蔡伦对汉和帝非常忠诚，对于小皇帝的一些过失，他总是及时指正。在那个时期，汉和帝命他兼任尚方令，就是主管兵器制造和宫内器物的负责人。这个职务，让蔡伦充分展现了他的才华。一次，汉和帝刘肇学剑的时候不小心弄断了自己的剑，于是蔡伦主动请命，称自己可为皇帝打造一批质量上乘的刀剑和器物。随后，蔡伦苦心钻研，翻阅各种制造工器的书籍，甚至亲自选料。功夫不负有心人，在反复的试验下，蔡伦果然打造出了品质精良的刀剑、杯盏等一应器物。

公元91年二月，窦太后的哥哥窦宪领军大破北匈奴，斩杀匈奴人无数，俘获马、牛、羊、驼百万余头，并迫使匈奴归汉者八十一部，前后达二十多万人。窦宪还命随军出征的史学家班固作了《封燕然山铭》，铭刻于今天蒙古国杭爱山的石壁之上，以纪念此战的功绩，史称“燕然勒功”。

然而，窦宪立有如此不世之功，这令他骄傲自大，渐渐飞扬跋扈，到了公元92年，他竟然生出了谋逆之心。当时，蔡伦得知窦宪意图篡逆的消息，他不惜背弃昔日的主子窦太后，坚定地选择保护汉和帝，同时联合其他宦官，一举平息了这场叛乱。事后，窦宪被迫自裁，窦氏外戚大多被处死。而受此牵连，窦太后也被打入冷宫，幽禁起来，郁郁而终。

由于在平定窦宪谋反中所立的功劳，蔡伦受到了汉和帝的信任，而蔡伦也忠心地辅佐汉和帝。他见臣子们每天要给汉和帝用车运来大批笨重的竹简，皇帝翻阅也非常辛苦，于是想减轻皇帝的辛苦，决定改造书写的材料。当时，各地都有进贡到皇宫的纸张，但质量不好，制作起来也很不容易。于是，蔡伦使用树皮、破布等平常之物，经过一番试验和不断改进，最终发明出了质量更好、更轻便的纸张。

公元105年，蔡伦将他改进的纸献给汉和帝，受到汉和帝的称赞。蔡伦改造纸张的技术在全国推广使用，从此，纸张得以大规模应用，逐渐代替了笨重的竹简和昂贵的绢帛。由于蔡伦后期被封为龙亭侯，后人就将蔡伦改进的纸称为“蔡侯纸”。

公元106年，随着汉和帝驾崩，以太后邓绥为首的外戚集团得以掌权。身在宫廷的蔡伦，他无法置身事外，于是不得不硬着头皮，又投入到邓太后的门下。这一时期，蔡伦的仕途更是一帆风顺，他被封为龙亭侯、长乐太仆，身居九卿之一。从此，蔡伦走向了人生巅峰，成为邓太后手下的第一红人。

公元121年，临朝长达十六年的邓太后病逝，汉安帝刘祜开始亲政。一朝天子一朝臣，汉安帝的特殊身份注定了蔡伦的悲剧。原来，汉安帝是清河王刘庆的儿子，而刘庆正是当年被窦太后废掉的皇太子。当年太子刘庆的被废和母亲宋贵人的被害，正是由蔡伦等人一手经办的。也就是说，蔡伦当年参与了密谋废掉当今新皇帝汉安帝刘祜的亲爹，还害死了汉安帝刘祜的祖母。

果然，在不久后，蔡伦接到了汉安帝的旨意，让他自己去廷尉那里认罪。蔡伦自知难逃一死，为了避免受辱，他在家中沐浴更衣，穿戴整齐，随后服毒而亡。

有人说蔡伦人品不端，见风使舵，又阴险狡猾。但实际上，他不过是宫廷里一枚无法掌控自己命运的棋子。作为一名侍臣，他不得不选择自己的靠山，以便在险恶的宫中能够生存下去。然而抛却这些是非功过，他发明的蔡侯纸，让中华文明的延续有了更加便携的载体，使知识的记录和文化的传承绵延不绝。

很难想象，如果没有纸，几千年来的中华文明将会用怎样的方式来延续传递？

人物小传

蔡伦（61—121），字敬仲，桂阳郡（今湖南省郴州市一带及广东省北部地区）人。中国东汉宦官、发明家，造纸术的改进者。

汉明帝永平末年，蔡伦入宫供职，至汉章帝建初年间升任小黄门。汉和帝继位后，蔡伦升任中常侍，得到和帝信任，与中常侍郑众等颇有权势。后又兼任尚方令，监造刀剑器械。永元十四年（102）蔡伦总结以往人们的造纸经验，改进造纸工艺，最终制成蔡侯纸，并于元兴元年（105）奏报朝廷，汉和帝下令推广他的造纸法。

后来，蔡伦因多年宿卫之功，获封龙亭侯。不久又任长乐太仆。建光元年（121），邓太后去世，汉安帝亲政。蔡伦因曾参与迫害汉安帝祖母宋贵人、废掉汉安帝父亲太子事，被要求到廷尉署认罪。蔡伦不愿受辱，遂服毒自尽。

蔡伦富有才学，敦厚谨慎，常犯颜谏诤，匡正得失。其性格孤傲高洁，每至假期便闭门谢客，被誉为“汉宦官之贤者”。他改进的造纸术传播到世界各地，被列为中国古代四大发明之一，也是人类历史上的重大发明。后世纸工奉蔡伦为“造纸鼻祖”“纸圣”等。

诸葛亮

鞠躬尽瘁，死而后已

作为政治家，他没有完成统一天下的大业；作为军事家，他五次北伐均无功而返；若以成败论英雄，他的功勋完全无法和那些建立了统一大业的帝王将相相比。然而，在中国历史上，只有他受到了历朝历代上自官方、下自民间的广泛推崇，甚至被视为是道德的楷模、智慧的化身、中国文人的典范。

他，就是三国时期“鞠躬尽瘁、死而后已”的蜀汉丞相——诸葛亮。

诸葛亮在中国历史上被塑造成了一个近乎完美的天才人物，小说和戏曲里称他上知天文、下知地理、足智多谋、用兵如神。在我们的印象里，只要一打仗，诸葛亮坐镇中军，给关羽、张飞等众将各一个锦囊，还不告知具体该咋办，只说是到了地点拆开锦囊，依计而行必然胜利。好像羽扇纶巾的诸葛亮在轻松谈笑之际，战争的胜负已然决定，而天下大势也尽在他的掌控之中。

那么，历史上真实的诸葛亮，真有传说中的那么神吗？

鲁迅曾经说《三国演义》“状诸葛多智而近妖”，言外之意，是说诸葛亮被小说刻画得过于夸大，简直有些逆天，让人难以相信。不过，《三国演义》毕竟是小说，允许有一定的夸大成分。

正史《三国志》中，陈寿对诸葛亮是这样评价的：“可谓识治之良才，管、萧之亚匹矣。然连年动众，未能成功，盖应变将略，非其所长欤？”言外之意，诸葛亮在政治方面，可与管仲、萧何比肩，但在军事方面较弱，缺乏一定的变通灵活，用兵过于谨慎保守。

同时，在真实的历史中，诸葛亮一出场的时候也并非如小说所描述的那般光芒四射。《三国志》记载，诸葛亮最初来到刘备的帐下，担任的是军师中郎将，职责实际与军事没有关系，主要负责征收零陵、桂阳、长沙三郡的赋税。因此，诸葛亮一开始也就是刘备的寻常参谋，并没有太多可圈可点的战绩。

然而，为了得到诸葛亮，刘备在历史上确实曾经三顾茅庐。大家要注意，所谓“三顾”，并非只去了三次，古文中常以“三”来表示很多，也就是说为了请诸葛亮出山，刘备应该去了不少于三次。《三国志》中说：“凡三往，乃见。”这件事应该发生于公元207年，彼时，荆州之主刘表病重，北方的枭雄曹操也准备南下夺取荆州。于是在草庐之中，诸葛亮与刘备畅谈天下大势，并为刘备指明了未来的方向，这就是著名的“隆中对”。

听完诸葛亮对时局和形势的分析，当时刘备有一种醍醐灌顶的感觉。因为刘备此前很迷茫，他根本不知道接下来该咋办、会怎样、但是二十七岁的诸葛亮通过“隆中对”，清晰地为刘备指明了今后创业的方向。那就是先以荆州为根基，再取益州，与孙权、曹操形成鼎足之势，同时结好孙权，内修政理，继而等待时机，图取中原，兴复汉室。不得不说，诸葛亮真可谓是千古奇才。多说一句，所谓奇才，就是你还迷茫的时候，他已经清晰地看到了后面的每一步。

随后，诸葛亮出山辅佐刘备，很快就发生了小说《三国演义》中非常经典的一次战役——火烧博望坡。这场战役在小说中被描写为诸葛亮在谈笑之间，指挥若定而取得胜利，但是与正史一对比，时间却对不上。根据史书记载，建安十二年（207），刘备才将诸葛亮收在自己的帐下，而火烧博望坡事件早在建安七年（202）就发生了。由此可见，历史上一些战事功绩，是小说强加在诸葛亮身上的，为的就是拔高诸葛亮的光辉形象。

小说里还有一场精彩绝伦的“诸葛亮舌战群儒”，事实上也不存在，因为当时的孙吴也想和刘备结盟来对抗北方的曹操，所以这场精彩的“剧情”同样是虚构的。此外，“借东风”的故事，更是神化了诸葛亮。因为即便是到现在，冬日的长江也经常会刮东南风，这是当地人都知道的常识。

关于诸葛亮，还有一个非常重要的典故——三气周瑜。小说里刻意丑化了周瑜，以衬托诸葛亮的胸襟宽广和远见卓识。在真实的历史中，周瑜心胸宽广、乐观豁达，根本不可能随随便便就被诸葛亮气死了。

在真实的历史上，诸葛亮前期的工作并不是军事指挥，他当时主要是治理后方、收取赋税钱粮，类似于当年萧何做的工作。所以，《三国演义》对诸葛亮做了一些夸张的描写，以增加小说的传奇。然而，这并不妨碍诸葛亮被人们敬重，尤其当你详细了解他的一生，你会对他更加钦佩和崇敬。

公元181年，诸葛亮出生在琅琊郡阳都县（今山东省沂南县），他们家是琅琊郡的名门望族，他的先祖诸葛丰曾在西汉元帝时担任司隶校尉，父亲诸葛珪在东汉末年曾任职泰山郡丞。

东汉末年，天下大乱，中原大地烽烟四起。当时，地处长江中游的荆州在那个乱世里是一片相对安宁之地，大批的北方人迁徙到荆州或巴蜀之地来躲避战乱，以期求在那个乱世之中能够简单地活下去。公元195年左右，诸葛亮的叔父诸葛玄带着他与姐姐、弟弟，从山东老家辗转来到荆州，他们在距荆州襄阳城西二十多里一个叫隆中的山村定居了下来。那个时候，诸葛亮刚刚十五岁。

到底是名门望族出身，来到荆州之后，诸葛亮的叔父诸葛玄带着一家人很快就在荆州站住了脚。当时诸葛家与荆州上层通过联姻的方式迅速绑定，比如：诸葛亮娶了荆州大族黄承彦的女儿，而黄承彦和荆州牧刘表分别娶了蔡氏姐妹，他俩是连襟。如此一来，荆州大族黄承彦就是诸葛亮的岳父，而荆州牧刘表则成了诸葛亮的姨夫。这还不算，诸葛亮的大姐嫁给了蒯（kuǎi）祺，这个蒯家可了不得，当初刘表能够在荆州站稳脚跟，就是因为蒯家的支持。诸葛亮的二姐则嫁给了庞德公的儿子庞山民，而庞德公还有一个侄子叫作庞统。由此看来，诸葛亮的背景在荆州那是相当深厚。

当时的荆州境内藏龙卧虎、人才济济，但胸无大志、眼光短浅的荆州牧刘表却并没有将他们招揽过来，为己所用。陈寿在《三国志》中曾一针见血地评价刘表："外宽内忌，好谋无决。有才而不能用，闻善而不能纳。"

在这样的背景下，到了公元207年，刘备三顾茅庐，诸葛亮为刘备清晰地指明了今后创业的方向。与小说不同的是，诸葛亮早期的工作并不是军事指挥，而是后方管理和运筹管理。相比小说对诸葛亮军事才能近乎神的描述，历史上的诸葛亮更擅长的则是治国理政。

刘备在率军攻取益州时，诸葛亮负责的是粮草调度供应。刘备得到益州后，诸葛亮又通过制定各种宽严有度的政策，稳定民心，从而平稳地实现了蜀地的政权过渡。

诸葛亮真正走上军事指挥的前台，应该是在刘备去世之后。当时蜀国经过夷陵之败，国力衰弱，内部根基不稳，而南中又发生叛乱，于是诸葛亮一面治理内政，一面不得不亲自掌兵平定南中的叛乱，以稳固危机四伏的蜀汉政权。

后来，诸葛亮又继承先主刘备的志向，写下感人涕零的《前出师表》，并先后五次北伐中原。随着诸葛亮在北伐中的一次次历练，也逐渐展现了他的军事才能。当时，蜀汉的总兵力不过区区十万，而每次诸葛亮能够带领出征的军士不过几万。可就是这几万人的蜀军，居然打得数十万魏军龟缩不前。

公元234年的春天，诸葛亮再次出兵北伐，这是他的第五次北伐，也是最后一次。

当年八月，秋风萧瑟之中，诸葛亮带着壮志未酬的遗憾离开了人世，病逝于五丈原的北伐前线。诸葛亮在临死之前，他料定司马懿得知自己的死讯，一定会派兵来追。因此他油尽灯枯之际，又安排姜维等人布下了汉军撤退时的疑兵之计。可以说诸葛亮为蜀汉是操碎了心、耗尽了心血，他是活活给累死的。后来司马懿果然追来，姜维依计而行，举旗鸣鼓，作出要出击的姿态，司马懿见汉军有备，以为又中了诸葛亮的诱敌之计，于是狼狈逃窜，这就是“死诸葛惊走活仲达”的由来。可以说，司马懿远不是诸葛亮的对手，而诸葛亮称得上是天下奇才。

诸葛亮曾给后主刘禅上过一封奏疏：“成都有桑八百株，薄田十五顷，子弟衣食，自有余饶。至于臣在外任，无别调度，随身衣食，悉仰于官，不别治生，以长尺寸。若臣死之日，不使内有余帛，外有赢财，以负陛下。”

他于危难之中，摄政治国，专权而不失礼；他秉承先主遗志，五次北伐，直至“星落秋风五丈原”。

他的一生“鞠躬尽瘁，死而后已”，实在称得上是后世千载的忠臣典范。

人物小传

诸葛亮（181—234），字孔明，号卧龙，琅琊阳都（今山东省沂南县）人，三国时期蜀汉丞相，中国古代杰出的政治家、军事家、战略家、发明家、文学家。

诸葛亮早年随叔父到荆州，后躬耕于南阳。刘备依附荆州牧刘表时，三顾茅庐，诸葛亮向其提出著名的“隆中对”。此后，刘备根据诸葛亮的战略规划，成功占领荆州、益州之地，与孙权、曹操形成三足鼎立之势。章武元年（221），刘备称帝建立蜀汉，任命诸葛亮为丞相。夷陵之战失败后，刘备临终前托孤于诸葛亮。刘禅继位后，封其为武乡侯，领益州牧。诸葛亮勤勉谨慎，赏罚严明；与东吴联盟，改善和西南各民族的关系。

诸葛亮前后五次北伐中原，均无功而返。终因积劳成疾，于建兴十二年（234）病逝于五丈原（今陕西省岐山县境内）。后主刘禅追谥其为忠武侯，后世多以“武侯”尊称。

诸葛亮曾发明木牛流马、孔明灯，改造连弩等。他一生鞠躬尽瘁，被视为中国传统文化中忠臣与智者的代表。

嵇　康

弦断之后，再无《广陵散》

魏晋时期美男频出，比如被认为是中国四大美男子之一的潘安，史书里说他“美姿仪”。同时期，还有一位著名文人、哲学家、音乐家更是美得出奇，史书中曾这样毫不隐讳地夸赞他：“有奇才，远迈不群，身长七尺八寸（相当于一米八八的大个儿——作者注），美词气，有风仪，而土木形骸，不自藻饰，人以为龙章凤姿，天质自然。”

这个相貌出众、器宇轩昂、卓尔不群的人，就是魏晋时期竹林七贤的精神领袖嵇康。

早在魏晋时期，就已经有追星的现象了。《世说新语》里说当时有个叫赵志的人，见了嵇康的第一面就大为惊叹，甚至多次离家出走，发疯般地追星嵇康，家人对他苦劝严防，各种干预，但怎么都挡不住他对嵇康的痴迷，这件事在当时被传为笑谈。

后来嵇康结婚生子，有人称赞嵇康的儿子是个十足的小帅哥，声称他在人群中简直就是鹤立鸡群。听闻此语，嵇康的一位朋友在旁边立即说道：“那是因为你还没见过他爹有多帅，他爹嵇康不光长得帅，而且才学了得。”

嵇康出生于魏文帝黄初五年（224），他们家本姓奚，他的曾祖父为躲避仇家，举家搬迁到谯国的铚县，并改姓为嵇。嵇康的父亲嵇昭，官至治书侍御史。他的兄长嵇喜，历任太仆、扬州刺史的职务。

嵇康到了二十四岁的时候，带着自己刚写的一篇《养生论》来到了京城洛阳。没想到，这篇文章很快就成了爆款，火爆程度直追当年左思的名篇《三都赋》。于是大帅哥、大才子嵇康立马成为洛阳城的超级明星，不少皇室贵胄都赞叹嵇康才学了得。

当时身为沛穆王的曹林非常赏识嵇康，竟主动将孙女长乐亭主许配给嵇康为妻。要知道沛穆王是已故魏王曹操之子，属于曹魏的皇室宗亲。嵇康无法拒绝这样的婚事，于是他做了曹操的曾孙女婿，成了曹魏的皇室姻亲。

凭借这样的人脉背景，嵇康的仕途也一帆风顺、扶摇而上，很快就官至中散大夫。然而他不知道的是，自己已经一脚踏入了魏晋更迭的政治漩涡之中。公元249年，曹魏爆发了高平陵事变，司马氏篡权，诛杀了大将军曹爽等人，随后司马氏又掌控了曹魏的军政大权。作为曹氏家族的女婿，嵇康对篡位夺权的司马家族很是不满，难以在朝堂安身。于是，他只能隐居林泉、寄情山水。他曾经在山林中采药，恍惚间忘了回家，有樵夫见到他的风姿，竟以为是遇到了神仙。

当时，嵇康与一群志趣相投的才子结为好友，其中包括阮籍、山涛、向秀、刘伶、王戎、阮咸等人。他们各负才学，相聚泉林、饮酒赋诗、谈经说玄，所谓“越名教而任自然”，这便是让后世文人钦羡不已的竹林七贤。嵇康作为竹林七贤的精神领袖，在当时拥有大批的狂热粉丝。

在这群粉丝中有个“铁粉”，名叫钟会。钟会是当时的曹魏重臣、书法家钟繇的公子，凭借过人的才学，他十九岁就担任秘书郎，没几年就被提拔为尚书郎，年纪轻轻就有着远大的政治前程。《世说新语》里记载，有一次，钟会写完了一部《四本论》，自我感觉良好，就准备向偶像嵇康求教。结果到了嵇康的家门口，却又不敢去见自己的偶像，于是把书稿从门外丢进了嵇康的院子，然后紧张地转身就跑，那感觉就像小女子羞于见到自己心仪的情郎一般。

公元260年，司马昭弑杀了魏帝曹髦，他急于篡位的野心昭然若揭。而嵇康当年的那位“铁粉”钟会，此时已经成了司马昭身边的当红幕僚。可能是觉得自己已经混得不错了，于是钟会打算郑重地拜访自己的偶像嵇康。他原以为能在嵇康跟前好好地显摆一回，获得对方的青睐和欣赏，岂料当他来到嵇康的面前时，嵇康竟然连抬头看他一眼都没有。

当时嵇康和向秀正在铺子里打铁，两个人赤膊短裤，只顾着埋头挥锤，于是铁花四溅、叮当作响，而钟会却无人理会。这让乘兴而来的钟会很是羞恼，转头要走之际，身后却传来了嵇康的冷冷一问：“何所闻而来？何所见而去？”

钟会感到被羞辱了，于是恨恨回答：“闻所闻而来，见所见而去！”说罢，悻悻而去。从此以后，心怀怨恨的钟会，一直想伺机报复嵇康。

当时司马氏由于专权滥杀，迫切希望能拉拢一些颇负名望的人，为自己撑台面。以嵇康的才学和声望，正是最好的人选。但司马昭深知嵇康不会轻易投靠自己，于是就拜托嵇康的好友山涛帮忙。

山涛是嵇康的好友，他的身份背景与嵇康正好相反，他是司马家的姻亲。司马懿是山涛的姑夫，所以山涛也就自然而然地为司马家做事。然而当山涛出面来找嵇康，委婉地向他表达司马昭要拉拢他的意思时，深感受伤的嵇康极为愤慨，他连夜写了一篇长文书信，公开表示与山涛（字巨源）断绝友谊，这就是文学史上著名的《与山巨源绝交书》。

这封绝交信措辞坚决，表示两人从此一刀两断，在当时引起了不小的舆论风波。外人都觉得两位好友突然宣告断交有些不可思议，但只有司马昭明白，这封绝交书是嵇康在向司马家表达绝不合作的信息。这把司马昭气得牙痒痒，却又无能为力。

当时嵇康有个好友叫吕安，吕安的老婆十分漂亮，结果被自己的哥哥吕巽强暴了。不仅如此，吕巽还使了一个阴招，居然恶人先告状，到司马昭那里诬告弟弟吕安不孝，想要借此除掉弟弟，然后永久霸占弟媳。在中国古代，历朝历代的统治者都非常提倡孝道，被人举报不孝是可以定死罪的。这事儿被嵇康得知后，他极为愤恨，立即为吕安鸣不平，而且誓要还吕安一个清白。

于是他痛骂吕安的哥哥吕巽（字长悌），并写下了文学史上另一份著名的绝交书——《与吕长悌绝交书》。然而这封绝交书却让钟会逮到了机会，他和司马昭暗中谋划了一番，就把嵇康诬陷为吕安的同党。很快，嵇康就被投入了阴森的监狱。

在狱中，嵇康写了一首沉郁忧愤的诗，其中写道："顺时而动，得意忘忧。嗟我愤叹，曾莫能畴。事与愿违，遘兹淹留。穷达有命，亦又何求？"这篇诗文没有了从前的那种激昂旷达，只有被人污蔑的愤慨，以及面临死亡的哀鸣。

公元263年的一天，洛阳城里万人空巷，嵇康即将被司马昭处斩。当时钟会向司马昭禀报刑场的情况，说洛阳城里三千名太学生游街抗议，为嵇康请愿，要求无罪释放他，更有甚者，竟然有人情愿和嵇康一起赴死。

听到这个情况，司马昭更坚定了要杀掉嵇康的决心。

刑场上的嵇康镇定自若，临刑前他请求道："能让我再弹一首曲子吗？"

他的哥哥嵇喜当即捧来了那把跟随嵇康多年的古琴，摆在他的面前。于是，就在那肃杀的刑场之上，响起了千年绝唱《广陵散》。曲终弦断，嵇康举首慨叹："广陵散，于今绝矣！"

刀光闪处，嵇康那颗高傲的头颅惨然落地。临刑前，他将尚未成人的一双儿女，托付给了自己从前绝交的故人——山涛。《晋书》中记载，嵇康被押赴刑场前对儿子嵇绍说："巨源在，汝不孤矣。"这便是成语"嵇绍不孤"的由来。

山涛没有辜负友人的托付，他将嵇康的儿子嵇绍当成自己的孩子悉心抚养。若干年后，嵇绍长大成人，身为养父的山涛又举荐他步入仕途。

嵇康死后约三十年，司马家建立的西晋王朝陷入了血腥的八王之乱。公元304年，身为侍中的嵇绍为了保护晋惠帝司马衷，为乱军所杀，鲜血溅到了晋惠帝的袍子上。这便是文天祥《正气歌》中所唱的："为严将军头，为嵇侍中血。"

几十年前，他的父亲嵇康因不屈服于司马昭而被处死，而他却为保护司马昭的后代而血溅于乱军之中，这父子二人都用自己的方式诠释了尊严和忠义。

人物小传

嵇康（224—262），字叔夜，谯国铚县（今安徽省濉溪县，一说安徽省宿州市西）人，三国时期曹魏著名思想家、音乐家、文学家，魏晋竹林七贤之一。嵇康善于弹琴，工诗善文，今有《嵇康集》传世，以《养生论》《琴赋》等为代表作。

嵇康自幼聪颖，容止出众。他博览群书，广习诸艺，尤为喜爱老庄学说。曹魏时期拜官郎中，授中散大夫，世称"嵇中散"。司马氏掌权后，隐居不仕。景元三年（262），因受司隶校尉钟会构陷，被掌权的大将军司马昭下令处死，时年四十岁。嵇康与阮籍等人共倡玄学新风，主张"越名教而任自然""审贵贱而通物情"。他的事迹与遭遇，对于后世的社会风气和价值取向有巨大的影响。

阮　籍

徘徊在醉与醒之间的狂士

魏晋时代，面对混乱的朝局，行为怪诞成为当时名士的一张护身符。而把这张护身符用得炉火纯青的，当属竹林七贤中的“痴人”——阮籍。

阮籍出身于世家大族，标准的官宦子弟。他的父亲阮瑀是三国文坛上赫赫有名的“建安七子”之一，当年更是曹操帐下的“首席秘书”。只可惜阮瑀英年早逝，让儿子阮籍刚刚三岁就没了爹。当时曹丕还专门写了一篇文章来纪念阮瑀，并派人时常给阮家送些衣食用具。

尽管阮籍幼年丧父，但他勤学刻苦，而且天赋极高，八岁就能写文章，还精通音律，尤其擅长弹琴。但阮籍性格孤僻、举止怪异。相传十六岁那年，他随叔父游历东郡，兖州刺史王昶得知后，前来相见。谁知阮籍见了王昶，竟然整日闭着眼睛，这让王昶很惊诧，觉得这个少年不可理喻。

阮籍成年后，曹魏的朝局也开始风云变幻。当时，魏明帝曹睿已死，小皇帝曹芳由曹爽和司马懿共同辅政，这曹家和司马家两派势力明争暗斗，曹魏的朝局十分险恶。

公元242年，司马懿的亲信，时任太尉蒋济听说阮籍“俊而淑悦，为志高”，于是就想征辟任用阮籍。阮籍不想蹚司马家和曹家明争暗斗的浑水，一开始就拒绝了，这惹得蒋济非常生气，并迁怒于阮籍的族人乡党。无奈之下，阮籍只好接受蒋济的任用，但干了没几天，他就辞职而去，这是阮籍人生中第一次出仕为官。

到了公元247年前后，曹爽又来拉拢阮籍，阮籍同样不敢得罪曹家，于是也象征性地到曹家上了几天班，随后再次挂印而去。

两年之后，高平陵事变爆发，司马家族杀人盈野，气势汹汹走上了历史的舞台。阮籍从内心里反感司马家族，但又无能为力。于是，他远离是是非非、明哲保身。在那段日子，他或是闭门读书，或是登山临水，或是酣醉不醒，或是缄口不言。然而，他终究躲不开那阴暗的朝局。

很快，司马昭又来拉拢阮籍，想让他为自己装点门面。阮籍不情愿，但又不敢明说，于是只能喝酒装疯，以躲避司马昭的征辟。不久后，司马昭为了拉近关系，想与阮籍结为亲家，让儿子司马炎求娶阮籍的女儿。在常人看来，与当朝权贵联姻，这是求之不得的事，可阮籍瞧不起司马家，不愿接受这门婚事，但又不敢明着拒绝，于是只能拼命喝酒，每天都把自己灌得不省人事。于是这门婚事一拖再拖，弄得司马昭也没辙，最后只好放弃。

公元256年，阮籍竟然破天荒地主动向司马昭提出申请，想去步兵署上班。司马昭非常开心，心想阮籍终于愿意为己所用了，于是安排阮籍去了步兵署担任步兵校尉。但司马昭不知道的是，阮籍之所以去步兵署任职，是因为这个职位远离朝堂。与其天天被司马家征召，不如委屈就范，只要能够远离朝堂，避开灾祸就可以了。何况，步兵署还有大量的美酒。于是，司马昭总会听到这样的小报告：新任步兵校尉阮籍每天就不做事，整天在衙门里把自己灌得酩酊大醉。这让司马昭哭笑不得，却又无可奈何。

在当时，阮籍活得很拧巴，他一边想逃离，一边又逃不开。他很想和嵇康一样活得完全自我，但又怕招来杀身之祸。他出身儒学世家，内心渴望建功立业，可惜生不逢时，魏晋时代的乱局和血腥让他根本看不到希望。

于是他忽而哭得酣畅淋漓，忽而又笑得放纵恣意。他漠视礼法，行为荒诞，看起来完全像个痴人。《世说新语》记载，阮籍的母亲去世，按照儒家的礼仪，他应该注意自己的言行。然而，他完全不顾礼法，母丧期间，在司马昭的酒宴上，他没有表现出一丝哀戚之情，大吃特吃，完全不管自己会引起怎样的非议。

其实阮籍的内心十分苦闷，人们经常会见到披散着头发的阮籍，一边喝着酒，一边任凭牛车拉着他狂奔。等到了路的尽头，他便会一个人情不自禁地向天地哭泣，这成为阮籍释放自我的一种独特方式。

阮籍非常自我，遇到自己不喜欢的人会翻白眼，遇到自己喜欢的人，就会青眼有加。按照今天的说法，阮籍就是标准的情商不够、不成熟。但实际上阮籍看得非常通透，他不想装，更不想委屈自己。

公元262年的洛阳，在好友嵇康临刑之时，阮籍躲在台下的请愿人群之中，聆听好友临死前弹奏的那首千年绝唱——《广陵散》。琴曲已毕，嵇康那颗高傲的头颅滚落在肮脏的地上，随之而落的还有阮籍的心。

第二年，司马昭在迫使魏帝加封自己为晋公时，不愿场面过于难看，于是下令让阮籍代表朝中的大臣写劝进表。阮籍很不情愿，迟迟拖延，怎奈司马昭下了死命令："如若不从，你就和嵇康一样人头落地！"无奈之下，阮籍提起了笔，他向着死去的故友嵇康遥敬了一杯酒，而后为司马昭写下了洋洋洒洒的《劝进表》（原名为《为郑冲劝晋王笺》）。阮籍的《劝进表》写得挥毫恣意，被世人赞誉为"神笔"。不过，这篇文章毕竟是拍司马昭的马屁，因此也引发了许多的争议。其中末段这样写道：

明公宜承圣旨，受兹介福，允当天人。元功盛勋，光光如彼；国土嘉祚，巍巍如此。内外协同，靡愆靡违。

由斯征伐，则可朝服济江，扫除吴会；西塞江源，望祀岷山。回戈弭节，以麾天下，远无不服，迩无不肃。令大魏之德，光于唐、虞；明公盛勋，超于桓、文。然后临沧州而谢支伯，登箕山而揖许由，岂不盛乎。至公至平，谁与为邻，何必勤勤小让也哉。

写完，阮籍大病了一场。两个月后，他怀着满腹的屈辱和怨恨离开了那个充满无奈的世界，告别了自己早已心灰意冷的人生。

值得一提的是，阮籍的儿子阮浑，在老爹阮籍的长期熏染下，行为更加放诞不羁，而且表示要效仿老爹的范儿，却多次遭到阮籍的狠狠教训。阮籍曾直言不讳地说："你的堂兄阮咸在风流放诞这方面已经够格了，你不许再效仿了！"

实际上，阮籍的一生是那个纷乱黑暗时代的无奈产物，是向往自由的精神使然，也是无法复制和模仿的。他在晚年时，接连写下了一首首悲凉的《咏怀》诗，为我们披露了这位旷世酒徒的惨淡心迹：

夜中不能寐，起坐弹鸣琴。
薄帷鉴明月，清风吹我襟。
孤鸿号外野，翔鸟鸣北林。
徘徊将何见？忧思独伤心。

人物小传

阮籍（210—263），字嗣宗，陈留郡尉氏县（今河南省开封市）人，三国时期魏国诗人，竹林七贤之一。阮籍性情孤僻，放傲不羁，以"青白眼"而著称。阮籍初以门荫入仕，累迁步兵校尉，世称"阮步兵"，但在仕途中并不如意，陷入政治泥潭中难以脱身。曾一度与嵇康、山涛、向秀、刘伶、王戎、阮咸等人在山阳县（今河南省修武县）的竹林之中纵酒酣歌，被称为"竹林七贤"。景元四年（263），阮籍在悲苦郁闷中去世，享年五十三岁。

阮籍在哲学上崇奉老庄之学，政治上则采谨慎避祸的态度。在诗文领域，阮籍是魏晋"正始之音"，诗文以《咏怀》组诗、《大人先生传》等为代表。

李淳风

预知世事的天文学家

在影片《鬼吹灯之龙岭迷窟》中，主人公冒险进入了一座被称为“内藏晵”的神秘古墓，经历重重考验，侥幸逃生，并从中获得了珍贵的龙骨天书。据说，那座离奇古墓的墓主人就是唐朝大名鼎鼎的科学家、天文学家、数学家，擅长奇门术数的李淳风。

实际上，李淳风并不是玄学家，用现在的标准看，他应该是一名杰出的科学家。他学究天人，贯通古今，深研数学、天文、历法、阴阳学等领域。然而，在民间传说中，由于他与袁天罡合著的《推背图》流传广远，所以他的其他科学成就常常被人忽视。

公元602年，李淳风出生在岐州雍县（今陕西省宝鸡市凤翔区，一说今陕西省岐山县）。他的父亲李播原是隋朝的一名县衙小吏，后来因为不得志，就弃官出家做了一名道士。李淳风跟随在父亲身边，自幼博览群书，涉猎诸子百家、历史、数学等，尤其对天文、地理、阴阳等一系列新奇的冷门科目抱有浓厚的兴趣。

后来，唐朝建立，李淳风也长大成人，他效力于秦王李世民帐下，担任记室参军。公元627年，李世民登基，就是唐太宗。此后，天下安定，李淳风也逐渐展露所学。

当时，大唐需要制定新的历法。于是，精通天文、历法知识的李淳风，便提出了许多有益的建言，这让唐太宗对他非常器重。李淳风很快被予以擢拔，任职于太史局。

贞观七年（633），李淳风对旧制的浑天仪进行了改良。他通过精确绘制，然后命人用青铜铸造了新式浑天黄道仪，此仪可以测量天体的黄道、赤道和地平，拥有三个经纬度坐标。这种三重浑天仪是中国科学史上的一大进步，其准确度是旧制仪器的二十倍，甚至能准确预测日全食的具体时间。

有一次，李淳风在校对历书时，发现将在新年初一那天出现日蚀。根据当时天人相应的观念，人们认为这个天象是对人事的应和与警示，是不祥的预兆。当时唐太宗听到李淳风的预测，很不高兴，也很怀疑李淳风的预测，于是一脸严肃地质问：“日蚀如不出现，那时你如何处置自己？”李淳风严肃回答说：“如果没有日蚀，微臣甘愿受死。”

到了当天，唐太宗早早来到殿外，抬头望了望平静如常的天空与日头，然后对李淳风说：“朕姑且允你回府一趟，好与妻儿告别。”李淳风心平气和地说：“不急，眼下时间尚早。”随即他在墙上画下一道线，指着墙上的那道线说：“等到日影移到这里，就会开始出现日蚀。”果不其然，等到墙上的日影挪动那个画线处，天空开始暗淡，日蚀出现。唐太宗大为惊讶，此后对李淳风更加敬重。

此外，李淳风撰写了世界上最早的气象专著《乙巳占》，也是世界上第一个给风划分等级的人，这个技术要比西方早一千多年。同时，他也是最早发现彗星不发光的人，根据他的观点，彗星的光源来自太阳的反射，这一发现也比世界其他国家早了好几百年。

除了天文学的建树，李淳风还是唐代著名的数学家，他曾为国子监的算学馆编写了一本权威数学教材——《十部算经》，历代延续、影响深远。相比儒学等其他学科，由于算学抽象深奥，当时算学馆采取七年的学制，学生只有通过考核后才能毕业。一个合格的学生，必须可以处理复杂工程，能够精准测量河流弯道，不亚于当下高校研究生的水平。

另外，李淳风还对前人贾思勰的《齐民要术》、陶弘景的《本草经集注》等科学典籍进行了注释，并编撰了朝廷所需的《典章文物志》

等。这些跨学科的工作，需要博学多识、文理兼修的全才才能完成。

不过，李淳风最为人津津乐道的，是他对武则天将代唐称帝的预测。当时，他推算出了大唐的命运，于是向唐太宗汇报说："据微臣推算，朝中有一位武姓宫人将在三十年后篡位夺权，而且会杀尽李唐皇室。"

唐太宗听罢，大为震惊。这次他没敢怀疑李淳风的预测，忧心忡忡之下，他计划处死全部朝廷内外武姓女子，并向李淳风征求意见："这样是否能除去隐患，改变唐室的命运？"

李淳风认为，天象已示，预兆已成，劝唐太宗不可滥杀，否则上天会另外降下一个正值壮年的女子来祸害大唐帝国。唐太宗听了，非常无奈，长叹一声，只好作罢。

果不其然，三十多年以后，李唐王朝的命运出现了转折，当年李淳风的预言最终应验，那个武姓宫人便是唐太宗的才人武媚娘，也就是后来唐高宗李治的皇后武则天。武媚娘最后不仅夺了李唐的江山，还大肆迫害李唐宗室，而且是中国历史上唯一的正统女皇帝。

而这一切，竟然被李淳风早早地预测到了，并且丝毫不差。至今也没有人搞明白李淳风到底是如何推算和预测出来的。

人物小传

李淳风（602—670），岐州雍县（今陕西省宝鸡市凤翔区，一说陕西省岐山县）人。唐代著名天文学家、数学家、易学家、道士，精通天文、历算、阴阳、道家之说。

李淳风自幼聪慧好学，博览群书，尤其精通天文、历法、数学等。武德二年（619），李淳风经推荐，成为秦王李世民的记室参军。贞观元年（627），二十五岁的李淳风上书，对道士员外散骑郎傅仁均所著的《戊寅元历》提出十八条意见，太宗采纳七条意见，授李淳风将仕郎，入太史局供职。李淳风鞠躬尽瘁四十年，生前曾有不少预言，为人所称道和惊奇，在当时与另一位天文学家袁天罡齐名。

李淳风的名著《乙巳占》，是世界气象史上最早的专著。咸亨元年（670），李淳风卒，唐高宗李治颁追复诏，追复李淳风为太史令。

晁　衡

从东洋留学生到大唐进士

公元630年，突厥首领颉利可汗再度来到了大唐京师长安，这已经不是他第一次踏足长安。四年前，这位突厥首领曾率军逼近长安城外的渭水之滨，迫使刚刚继位的唐太宗签订了屈辱的渭水之盟。而这次，他是作为一名俘虏，满脸愁苦地被押进了长安城。

唐太宗面对跪伏在地的颉利可汗，列举了他的五大罪状。就在颉利可汗惴惴不安时，唐太宗忽然转变语气，免去了他的死罪，还封他为右卫大将军，赏赐了田宅。颉利可汗大喜过望，他万万没想到，自己不但逃过了一劫，还获封官职，这简直就像是在做梦。

此后的日子里，得知曾经的阶下囚颉利可汗在大唐获得优厚的待遇，于是大唐周边的那些吐蕃人、突厥人、契丹人、奚族人、南诏人、高句丽人等等，他们的首领纷纷来到长安，并先后被唐太宗赐封为大唐的官员。

比如，另一位突厥首领阿史那思摩也来到长安，被封为右武卫大将军。突厥将领哥舒翰也来了，他成为大唐一名忠诚的臣子，被委任为陇右节度使帐下的衙将。后来，他征讨边疆，积极抵御吐蕃军队，立下了赫赫战功。安西胡人白孝德也来了，在后来的安史之乱期间，他忠心报唐，积极参与勤王护驾，功绩显著，后来官至吏部尚书，爵封郡王。

还有一个东洋人也来了，他来到中国先是做了长安留学生，后来竟考中了大唐进士，进入门下省担任朝官，成为唐玄宗的秘书。在随后的日子里，他又不断被擢升为卫尉少卿、左散骑常侍、安南节度使等朝廷要职。这个在唐朝担任高官的东洋人，就是来自日本的遣唐留学生阿倍仲麻吕，在定居长安后更是给自己取了个中国名字——晁衡。

公元698年，阿倍仲麻吕出生在日本奈良的一个官宦世家，他天资聪颖又勤奋好学，尤其爱好汉文学。当时大唐正值帝国盛世，威名远播海内外。远近各国纷纷派遣贵族子弟、学子、僧侣使团等，到大唐求学深造。尤其是日本，对大唐文化的学习热情更是高涨，几乎每隔几年都会有大批的使者和留学生漂洋过海，来到长安。

阿倍仲麻吕二十岁那年，得知日本政府正在选拔派往大唐的留学生。这对于酷爱中国文化的阿倍仲麻吕来说正是天赐良机。他兴奋之余，果断报名。很快，他就凭借着出众的才智以及对汉文化的熟悉，顺利通过了选拔，成功入选了由五百五十七人组成的第八批遣唐留学生使团。

开元五年（717）的春天，阿倍仲麻吕一行，从今天的日本大阪起航，向中国进发。同行的日本留学生中，还有后来日本的著名学者、政治家吉备真备。两位优秀的年轻人在途中结为了好友，于是一起携手于同年九月底，来到了繁华的长安城。

在朝廷的安排下，阿倍仲麻吕得以进入京城的国子监读书学习。此后的几年间，他刻苦学习并攻读《礼记》《左传》《诗经》等一系列中国文化经典，逐渐成为那批留学生中学养深厚的佼佼者。

当时，正值开元盛世，大唐帝国思想开放，文化上提倡兼容并蓄，大量的外国人凭借才能参与到大唐的政治、经济、文化建设中来。仰慕中国文化的阿倍仲麻吕，更是开始了他如饥似渴的苦读生涯。大约也是在这个时期，他给自己起了一个中国名字——晁衡，算是象征性地给自己改了“国籍”，以求能长期定居在大唐帝国，沐浴千载难逢的盛世繁华。

几年之后，饱读诗书的晁衡参加唐朝的科举考试，竟然一举高中进士，成了遣唐使团中唯一考中进士的外国留学生。要知道，唐代的科举考试其实是非常难的，中国本土的学子考中都非常不容易，更何况是漂洋过海而来的日本人，可见晁衡学识不凡。

随后晁衡获得了朝廷的赏识，走上仕途。他从整理典籍开始，同时辅佐太子学习，没多久就受到了唐玄宗的赏识，官位连年升迁，甚至一度升任为秘书监。在唐代，许多名臣都曾担任秘书监一职，如魏徵、虞世南、贺知章、颜师古等，可见晁衡在当时备受大唐天子的器重。

由于他性情豪爽，爱结交朋友，因而身边聚起了一帮文人雅士，比如大诗人李白、王维以及监察御史储光羲等。他们常常一起吟诗作画、把酒言欢。后来，学业、事业双丰收的晁衡还娶了唐朝女子为妻，储光羲曾有描写他婚姻生活的诗句：

落日悬高殿，秋风入洞房。

屡言相去远，不觉生朝光。

在皇帝的信任和器重下，晁衡不断被委以要职。在此期间，他还与当时不少达官贵人、文人墨客频繁交往，相互结识，由此对长安产生了深厚的感情。

但长安城毕竟不是晁衡的故乡，身为异客的他，自从留学那年起，已经流连长安城三十六年了。

公元752年，长安城迎来了日本第十批遣唐使。这批遣唐使中有一位晁衡的故友，就是吉备真备。当阔别多年的好友再次相会于长安，勾起了晁衡藏在心底的思乡之情。于是，他以此为契机，奏请回国。唐玄宗听闻晁衡要离开，不舍之下，并未放行。

不久，恰逢中秋团圆佳节。唐玄宗为表隆恩，在兴庆宫内大宴文武，并令群臣赋诗相和。席间，晁衡写了一首思乡的诗：

翘首望长天，神驰奈良边。

三笠山顶上，想又皎月圆。

唐玄宗听后，理解他思乡情切，又感念他多年来的鞠躬尽瘁，这次便同意了他的归国请求。然而，按照唐朝的规制，三品以上的朝廷大员不能离开国土。基于对晁衡的宠爱，唐玄宗采取了一个折中的办法：破例任命本是日本人的晁衡担任唐朝使臣，护送日本国的遣唐使返程。

归国前夕，好友王维赋诗相赠，晁衡也写诗回赠，其中写道“天中恋明主，海外忆慈亲”，又有“平生一宝剑，留赠结交人”。

公元753年，晁衡随归国的遣唐使团分乘四船，从今天江苏的港口启航，驶向日本。谁知，船队在海面上不幸遭遇空前的暴风雨。晁衡乘坐的那艘船下落不明，朝廷以及众位好友都认为他已经遇难。李白听闻后，大为悲伤，甚至还写下了一首《哭晁卿衡》的诗：

日本晁卿辞帝都，征帆一片绕蓬壶。

明月不归沉碧海，白云愁色满苍梧。

幸运的是，晁衡并没有葬身鱼腹。他所乘的那艘船后来一直漂到了今天越南的环洲海岸。船只被海风吹到岸上后，幸免于难的这些人又遭到了当地土著的袭击，船上的一百七十多人大都死于非命，只有晁衡和十几个同伴在混乱中逃脱了虎口。

公元755年六月，年过半百的晁衡在历经两年多的辗转跋涉后，没能抵达日本，只好艰难地返回了长安。或许是因为日渐年迈，或许是因为劫后余生，又或许是因为留恋大唐，总之，在此之后，晁衡彻底打消了归国回乡的念头。

然而，当他以为长安城会是余生最安全的避风港时，一场更大的风暴来临了。

就在他返回长安的当年12月，安史之乱爆发了，昔日繁盛的大唐遭到了致命的打击，唐玄宗携带皇亲宗室和亲近大臣仓皇出逃。其间，晁衡作为唐玄宗最信任的臣子之一，一直伴随左右，他甚至目睹了马嵬驿兵变和杨玉环之死。

两年以后，也就是公元757年秋天，晁衡跟随已是太上皇的李隆基，返回了长安城。由于才学品行出众，他同样受到新皇唐肃宗的器重，后来他被擢升为光禄大夫兼御史中丞，获封北海郡开国公，爵位显赫。

公元770年，七十二岁的晁衡在长安辞世。当时的皇帝已经是唐代宗，为表彰他为大唐王朝作出的杰出功绩，唐代宗追授他为二品潞州大都督，葬于长安。

一千多年以后，曾经的长安，即如今的西安与晁衡当年的故乡奈良结为了国际友好城市，晁衡（阿倍仲麻吕），便成了连接两座城市的桥梁。他的纪念碑就坐落在当年唐玄宗的御花园——今天的兴庆宫公园内。如今，千年逝去，我们依稀还可以从兴庆宫公园里的那座日本遣唐使的纪念碑上，窥见大唐昔日的开放、包容、自信和繁华。

人物小传

晁衡（698—770），字巨卿，日本名阿倍仲麻吕，亦名朝臣仲满，姓朝臣，安倍氏，日本奈良时代的遣唐留学生，唐朝大臣，唐代中日文化交流的杰出使者。

阿倍仲麻吕生于奈良附近的贵族家庭。开元五年（717），以留学生的身份随日本遣唐使入唐。就读于长安（一说洛阳）国子监太学，成绩优异。太学毕业后参加科举考试，一举考中进士。因“慕中国之风”而不肯离去，于是改名晁衡，长留大唐，为唐玄宗所器重。开元十三年（725），晁衡担任洛阳司经校书，负责典籍整理。开元十九年（731），擢任门下省左补阙，后历任卫尉少卿、秘书监兼卫尉卿等，肃宗时官至左散骑常侍兼安南都护。大历五年（770）正月，晁衡在长安辞世，并葬于长安。

晁衡不仅学识渊博、才华过人，而且性格豪爽。他与唐朝许多诗人名士都有密切交往，诗酒酬唱，成为一段文坛佳话。

巾帼篇

巾帼

息夫人

乱世薄命的桃花夫人

要说中国历史上的美人，前有妺喜、妲己、褒姒，后有西施、貂蝉、王昭君、杨玉环。殊不知，历史上还有一位女子，同样是闭月羞花、沉鱼落雁，她就是被誉为“桃花夫人”的美人息妫。

息妫出生于春秋时期的陈国宛丘（今河南省周口市淮阳区），她本是陈国国君陈庄公妫林的女儿，姓妫，陈氏（先秦贵族多以封地或国号为氏）。由于她后来嫁给了息国的国君，所以一般都管她叫息妫，后世则多称她为息夫人。

据说息夫人长得非常美，美到什么程度呢？相传，她生于春寒料峭的二月，出生之际，她周围所有的桃花竟然全部提前绽放。因此，她长大后又被人们称为桃花夫人。然而，她有如比美貌，一生却坎坷曲折，充满了辛酸和无奈。

公元前684年，身为陈国公主的息夫人嫁给了息国的国君。出嫁的途中，婚礼的队伍要经过蔡国，那是她的姐夫——蔡哀侯的封地。于是，她的姐姐和姐夫蔡哀侯专门置备酒宴，招待出嫁路过的妹妹。谁知，就在酒宴之上，蔡哀侯见息夫人眼若秋水、面如桃花，瞬间就被迷住了，竟然一下子魂不守舍、心旌摇荡。于是，就在那酒宴之上，他竟不时地挑逗、骚扰息夫人，而息夫人也无可奈何，毕竟是在别人的地盘，她只能忍着。等到散席后，息夫人便愤然赶到了息国。

蔡哀侯调戏小姨子的事儿最终被息侯知道了，息侯火冒三丈，是可忍，孰不可忍？于是他打定主意要报复蔡哀侯。然而当时息国很弱小，蔡国的实力比息国强大，打是肯定打不过的。咋办呢？这口气咽不下去，息侯就想了个借刀杀人的办法。

当时楚国的国力比较强大，楚国的楚文王也一直想吞并蔡国，但始终苦于没有机会。一来因为蔡国还有点本事，二来楚国也没有出兵的正当理由。息侯明白楚文王的那点小心思，就向楚文王建议道："请您佯装攻打我们息国，我去向蔡国求援，蔡哀侯一定会派遣军队过来。到那时，趁蔡国大军在外，您就去攻打蔡国的国都，届时您就可以一战成功了。"

楚文王听后非常高兴，当下就依计而行，他先是假装攻打息国，随后息侯向蔡哀侯求援，而蔡国也果真出兵相救。这个时候，楚文王趁机将兵锋转向蔡国的国都，后来又在莘地（在今河南省汝南县境内）一举击溃蔡国的军队，还俘获了蔡哀侯。

楚文王抓了蔡哀侯之后，他并没有杀掉蔡哀侯。有一次，他向蔡哀侯透露了这场战争的内幕。当蔡哀侯得知是息侯从中设计捣鬼的时候，他气急败坏，决定以牙还牙，也要设计报复息侯。因此，他便在楚文王面前嚼舌根子，极力称赞息夫人美如天仙、世间罕有。并说，世上的男人谁若没有见过息夫人，那简直就是白来一遭。楚文王听了这话，耐不住心里痒痒，于是就想亲眼见见这位绝世美人息夫人。

不久后，楚文王假借巡游的名义来到了息国。息侯夫妇设宴款待楚文王，楚文王也终于见到了自己日思夜想的息夫人。一见之下，果如蔡哀侯所讲，息夫人姿容貌美、国色天香。仅仅一面，楚文王就被息夫人的美貌彻底俘虏了。

该怎么得到息夫人呢？楚文王离开息国的时候，特意邀请息侯一定要携夫人来楚国游玩，让他也略备薄酒，以尽地主之谊。息侯很开心，于是很快就带着息夫人高高兴兴地来到了楚国。谁承想，就在宴席之上，楚文王突然翻脸，将息侯抓起来，打入了牢狱之中。随后，他又派遣军队攻破了息国。

息国灭亡后，楚文王迫不及待想让息夫人嫁给自己做王后。息夫人这时才明白，息国的灭亡竟然是因为楚文王看中了自己，她羞愤之下便想投井自尽，当时旁边的丫鬟拦住她说："夫人您若是死了，咱们息国的百姓都要死，息侯恐怕也难以存活。只有你活着，才能让息侯和息国的百姓免于灾祸啊。"

息夫人听罢，无奈只能委曲求全，不得已嫁给了楚文王，由此也让息国的百姓免遭涂炭。而息国的百姓也感念息夫人的恩情，所以世世代代都非常尊敬这位美人。直到今天的河南境内，不少地方都立有桃花夫人的祠庙，并尊她为平安神。

话说息夫人嫁给了楚文王，后来为楚文王生下了两个儿子：熊艰与熊恽。由此，楚文王对她愈加宠幸，并在楚国别都穰邑的紫金山下特意为她修凿了一处风景秀丽的桃花洞，供她娱乐安歇。然而，尽管如此，几年来，息夫人始终不展颜笑，并且从来不和楚文王说一句话。这就是唐代诗人王维诗中所说的：

莫以今时宠，而忘昔日恩。

看花满眼泪，不共楚王言。

眼见自己不论怎么做，息夫人始终不肯对自己说一句话，实在熬不住的楚文王就问息夫人："为什么你嫁给本王后，却不肯对我说一句话呢？是我对你不够好，还是有其他的原因？"

息夫人凄婉哀怨地回答："吾一妇人而事二夫，纵不能死，其又奚言？"

几年之后，楚文王去世。息夫人此时又不得不面对另一个残酷的事实，她的两个儿子为了争夺王位而同室操戈、手足相残。长子熊艰（也称楚堵敖）在夺得楚王之位后，千方百计要将自己的同胞兄弟熊恽置于死地。熊恽被迫逃往随国，而后联合随国的军队攻破楚国，并将哥哥熊艰杀害，然后他登上王位，这便是楚成王。

其间，息夫人面对两个儿子相互残杀，她无能为力，痛彻心扉。等二儿子熊恽登上王位，她也只能接受这血腥的结局。不过，楚成王毕竟太过年轻，缺乏治国的经验，致使国政大权都落在楚国权臣令尹子元的手中。而令尹子元竟然仗着权力，贪恋起息夫人的美色，他时常诱惑、挑逗已经守寡的息夫人，但都被息夫人断然拒绝。

与此同时，息夫人以一介女流，尽心竭力扶助自己的儿子楚成王选拔贤能之士，改革朝中的一系列弊政，并与周边诸侯国保持良好的关系，还积极发展楚国的农业生产。后来，息夫人终于在楚国大族若敖氏的帮助下，杀死了祸乱朝纲的权臣令尹子元，结束了长达八年的楚国内乱。

《左传》记载：息夫人后来辅佐自己的儿子平定各地叛乱，鼓励农耕与商贸，从而为楚成王后来建立春秋霸业铺平了道路，可谓乱世之中不可多得的政治女强人。

然而，关于息夫人的结局，历史上还有另外一种说法。相传，当年楚文王灭了息国后，息侯被强迫担任守卫城门的士兵。一天，楚文王与息夫人乘车出城打猎的时候，息夫人在城门下认出了她从前的夫君息侯，她停下车来，走到了息侯的面前，满怀愧疚地对息侯说：“臣妾之所以不死，就是想要再见你一面，以报答从前的恩情。今日终于得见，可以如我所愿了。”说完，息夫人一头撞向了城门，鲜血四溅。息侯悲痛欲绝，随即也撞墙而死。那一天，漫天的桃花片片落下、朵朵如血……

人物小传

息夫人（生卒年不详），姓妫，陈氏，春秋四大美女之一，因容颜绝代，目如秋水，脸似桃花，世称桃花夫人。

息夫人为陈国君主陈庄公之女，因嫁给息国国君，故亦称息妫。息妫省亲时（一说出嫁时），借道蔡国，却被姐夫蔡哀侯纠缠戏弄。息侯闻知后与楚国设计报仇。楚文王借机俘获蔡哀侯，又知息夫人美貌，亲征息国欲霸息夫人。危难时刻，息夫人甘以一己之身换息国百姓免遭涂炭，遂嫁入楚国，成为楚夫人，由此挽救了息国。

楚文王非常宠爱息夫人，在楚国别都穰邑（今河南省邓州市西南隅）建造一座紫金山，并凿修桃花洞，供其居住。楚文王去世后，息夫人的两个儿子同室操戈。此后，息夫人的二儿子熊恽继位，是为楚成王。后来，息夫人辅佐儿子楚成王平定内乱。她死后葬于汉阳城外的桃花山上，后建祠庙“桃花夫人庙”，又称“桃花庙”。

西　施

穿行在吴越硝烟中的“女间谍”

相传，春秋时期，出生在越国乡下的西施姑娘长得非常美丽、姿容娇艳。一次在河边洗衣，她那娇美的容颜映照在清澈的河水中。河里的游鱼见到她俏丽无比的容颜，一时之间，个个都惊呆了，竟然都忘记了游动，于是纷纷沉到了水底。由此，后世便形容西施的美为沉鱼之姿，这就是成语“沉鱼落雁”中“沉鱼”的由来。

作为中国“古代四大美女”之一，西施在历史上可谓家喻户晓。直到今天，“西施”已经成为美女的代名词，比如“豆腐西施”“水果西施”等等。在先秦诸子的记载中，不少地方也都提及西施这个美娇娃，将她视为当时越国灭吴的关键人物，一位充满传奇色彩的“女间谍”。

然而在历史上，这位大名鼎鼎的美人西施，和其他青史留名的美人相比，并没有过人的才华，她的家世也很低微，就是一个普普通通的农家女。而她的以身报国，也只是被迫无奈之举，甚至连她出众的容颜，在当时都不是独一无二的。

既然如此，西施缘何受到人们的推崇，又被传颂了两千多年，还位居四大美女之首的呢？

在历史上，西施姓子，施氏，名夷光，出生在越国句无邑苎萝村（今浙江省诸暨市城南浣纱村）。当地的苎萝村分东、西两个村落，她所在的村子属于西村，所以人们多称她为“西施”。

西施虽然出生在普通的农户家里，但天生丽质、身材窈窕，宛如仙子一般。不过，这个美娇娃天生就带着病根儿。她心脏不太好，所以脸色显得苍白，胸口也常常作痛，于是她就经常捂着胸口，皱着眉头。这样的举动让她本就娇弱的身形更加惹人怜爱，也愈发显得楚楚动人。

当时东村有个女子叫东施，她容貌粗陋，却妄想也能得到人们的赞美，眼见西施每天捂着胸口、皱着眉头出门，总是受到周围人的啧啧称赞。羡慕之下，她便处处模仿西施的动作，也捂着胸口、皱着眉头，故作姿态、招摇过市。可惜，她的一副丑模样，又做出如此造作的姿态，让村里人都大吃一惊，以为是来了什么妖怪。这就是《庄子》里“东施效颦”的典故。

公元前494年，越王勾践起兵讨伐吴国，企图霸占东南，结果以失败告终。后来，吴王夫差率兵围攻越国都城，为了能保留一线生机，越王勾践不得不委曲求全，向吴王俯首称臣，并进献大批金银财宝，然后又带着亲眷、大臣前往吴国为奴。在吴国为奴的三年间，越王勾践伏低做小、卑躬屈膝，终于麻痹了吴王夫差，被赦免回国。

回国后的勾践，为了鞭策自己不忘从前的耻辱，每天卧薪尝胆、励精图治，谋划着他的复仇大计。越国谋臣文种向他提出伐吴七术，勾践看了后很高兴，采用了其中最具杀伤力的三术。第一术，高价购买吴国粮食，这样就能让吴国缺少存粮。第二术，进献美女，也就是美人计，吴王夫差本就好色，越国正好可以投其所好，引诱吴王长久地沉迷于美色之中，从而使其荒废朝政，丧失民心。第三术，向吴国免费提供大量的工匠与木料，让他们大兴土木，到处建造宫室楼阁，从而耗费吴国的人力、财力，致使其国力空虚。

其中，为了施展美人计，大夫范蠡奉命在越国各地搜罗了大量的美女，其中就有美人西施和她的好友郑旦。郑旦在当时也是一位绝世美人，容颜和西施不分上下，两人还被称为“浣纱双姝”。在诸暨的坊间，甚至还有郑旦比西施更美的传言。

西施和郑旦虽然长得貌美，但毕竟是一对儿来自乡野的“柴火妞儿”，该如何把她们训练成吴王夫差一看就晕的“心肝宝贝”呢？当时的越国大臣文种就派人在越国的土城山建造了一座美人宫（今浙江省绍兴市西施山遗址），专门用来训练这些从全国搜罗来的乡间美女。

就这样，这些来自乡野的“柴火妞儿”在美人宫里被培训了三年，她们每天练习歌舞、步伐和仪态，三年期满，西施和郑旦都顺利“毕业”。当两人穿上华丽的服饰，被文种送到吴王夫差的面前时，夫差立刻就被两位美人迷晕了。两人的绝世姿容，甚至让吴国后宫的妃嫔们都自惭形秽。

吴王夫差得到了两位美人，大喜过望，特意将西施安排在姑苏的春宵宫，将郑旦安排在了吴宫。从此后，吴王夫差果然是日日流连于西施的春宵宫和郑旦的吴宫之间，酒色歌舞，美不自胜。渐渐地，吴国的国政开始荒废，夫差也失去了往昔的英雄志气。

后来，郑旦因病去世了，留下西施一人受到吴王夫差的独宠。据说，西施会跳一种舞蹈，名曰“响屧舞”。跳这种舞时，她站在铺有木板的十几口大缸之上，穿着木屧，并在长裙上系上铃铛。西施起舞时，她的身姿如同扶风弱柳，裙上的铃声和大缸上木屧的回声交相呼应，令夫差如痴如醉。夫差为了让西施每天都能尽情舞蹈，索性让人用上百口的大缸，为她修了一条别致的响屧廊。这还没完，后来夫差又令人修建了奢华瑰丽的馆娃阁、灵馆等一系列休闲之所，恣意行乐、日日欢宴。

从此后，吴王夫差是“春宵苦短日高起，从此君王不早朝”，而这君王一旦不再勤政，辨别力似乎也会跟着下降，就会亲小人、远贤臣。公元前484年，吴王夫差逼死了朝中最具谋略和领兵打仗能力的军事家伍子胥，此举无异于自断臂膀，也为越国日后的复国减少了阻碍。

两年后，得意忘形的夫差与北方中原诸侯会盟于黄池（今河南省新乡市封丘县南）。趁此良机，越王勾践带领着平日训练有素的强悍军队，袭击吴国的国都姑苏城，城破之后，越国俘虏了夫差的儿子。待夫差回来后，发现已经奈何不了越国，只能和越国议和。

而当时，羽翼尚未丰满的越国为了保存实力、休养生息，也暂且答应了议和。此后，吴王夫差意志消沉，沉溺在西施的温柔乡里，日日以酒色来麻痹自己。

公元前478年，越王勾践下令再次进攻吴国，并在笠泽之战中大获全胜。五年后，越国终于彻底吞灭了吴国。亡国之际，吴王夫差还想请求饶命，被勾践果断拒绝，最后被逼自尽。自此之后，越国占据了整个东南一带，越王勾践成为春秋时期的最后一位霸主。由此，这场吴越之间的政治角逐，通过勾践十年的卧薪尝胆，终于实现了复仇大计。

吴越之争的硝烟散去，为勾践复仇立下大功的西施又去了哪里呢？

关于西施的结局，《墨子·亲士》和《修文御览》等古籍中都明确记载，完成使命的西施，后来被越王勾践下令扔进江里淹死，最终以悲剧结束了生命。《墨子·亲士》记载："西施之沉，其美也。"意思是说，为越国立下功劳的西施最后被沉江而死，是因为她太美了，越王不愿自己为美色所惑，于是做了残忍的决定。

根据东汉史学家赵晔的《吴越春秋》记载："吴亡后，越浮西施于江，令随鸱夷以终。"其中的"鸱夷"指的是一种皮囊。言外之意，西施被捆在一个大皮囊中，扔到了江里。对于西施这个不幸的结局，明代作家冯梦龙曾给出了一个较为合理的解释。吴国灭亡后，完成任务的西施回到了越国，越王勾践想将西施纳入后宫，然而勾践的王后清楚自己的容貌比不上西施，怕不是对手，于是暗地里命人将西施投进了河里。并找了个冠冕堂皇的借口，向越王称："为了社稷着想，这样的祸水怎可留着？"正应了"高鸟尽，良弓藏"那句残酷的古训。

当然，关于西施的结局最流行的说法是，吴国灭亡后，越国的大夫范蠡深知越王勾践不可同富贵，便悄然离开了越国，他带着西施，改名换姓、泛舟五湖，从此他们"阡陌晨昏，老死田园"。只可惜，这个充满浪漫色彩的圆满结局，不过是后世文人的美好愿望而已。毕竟世人可怜西施，不忍这样的佳人拥有凄凉悲惨的结局，于是怀着美好的期许，让她与范蠡最终成为一对神仙伴侣，远离这喧嚣的尘世，过着幸福美满的田园生活。

正所谓：“一场大梦烟波里，泪洒珍珠照来人！”

人物小传

西施（生卒年不详），姓施，名夷光，一作先施，又称西子。越国句无邑苎萝村（今浙江省诸暨市城南浣纱村）人，春秋末期越国美女，与貂蝉、王昭君、杨玉环并称“中国古代四大美女”。

西施出身贫寒之家，常浣纱于溪，天生丽质，秀媚出众。越国战败后，被迫向吴国称臣求和。越王勾践遍选国内美女，西施被选中，并献给吴王夫差。夫差对西施万般宠爱，先是在姑苏建造春宵宫，又为其建造馆娃阁、灵馆等。西施擅长跳响屐舞，夫差又专门为其筑响屐廊。

与此同时，越王勾践卧薪尝胆，使越国强盛起来，最终打败了吴国。吴国灭亡后，西施不知去向。史书记载，她被沉江而死。民间相传，她与范蠡泛舟五湖，老死田园，历来被文学作品记载传扬。

芈　月

从娇宠公主到铁腕太后

在陕西省西安市临潼区的骊山西麓，秦始皇帝陵的不远处，还有一片秦国祖先的长眠之地，那儿就是大秦帝国的秦东陵。

秦东陵埋葬着秦始皇的父亲秦庄襄王和曾祖父秦昭襄王，还有一位就是秦始皇的高祖母——历史上争议不断的秦宣太后芈月。

说起芈月，相信大家都不陌生，前几年热播的电视剧《芈月传》让人们了解了这位在历史上堪比武则天的传奇女性。在电视剧里，芈月是父亲楚威王与母亲向氏最宠爱的小公主，甚至还与战国四公子——春申君黄歇有过一段青梅竹马的恋情。然而，这终归只是导演的安排，真实的历史上并没有这样一档子事儿，但其实芈月的人生传奇并不亚于电视剧，甚至比电视剧还要精彩。

她以女儿之身执掌大秦帝国，玩弄权术于股掌之上。她虽未称帝，却堪比帝王。中国历史上太后的称谓，始见于她，而太后专权，也从她开始。为了秦国的发展，她不惜委身于宿敌义渠王。同样为了秦国的长治久安，她又在三十年后杀了自己的情人义渠王以及和义渠王生下的两个儿子。她的恩怨情仇，她的权谋智慧，甚至于她的无奈和悲凉都远远超乎今天人们的想象。

芈月大约生于楚宣王二十六年（前344）。电视剧《芈月传》里说她是楚威王的小女儿，其实她并非王室近支，但她总归是楚国宗室之女，这出身也算高贵。到她七岁的时候，也就是公元前338年，秦国发生了一件大事，这一年秦孝公嬴渠梁去世，十九岁的嬴驷即位，成了新的秦国国君。

嬴驷即位后，为了巩固自己的权力，拉拢老贵族，于是车裂了为秦国立下汗马功劳的商鞅。虽然杀掉了商鞅，但嬴驷非常清醒，他意识到新法是秦国走向稳定富强的保障，更是成就万世基业的根本。所以“商鞅虽可杀，但其法不可废”，于是商鞅虽死，其推行的变法却被不折不扣地执行了下去，而秦国也因此一步步变得愈加强大。

到了公元前329年，楚怀王熊槐继位，他为了与日益强大的秦国建立更加紧密的关系，于是将宗氏女芈月嫁入了秦国。这个时候，芈月正值十六岁的花季，她刚嫁入秦国的时候，地位并不很高。当时秦国的后宫分为八级，分别是：王后、夫人、美人、良人、八子、七子、长使、少使，而秦君嬴驷的王后是魏国宗氏女秦惠文后，芈月当时仅得了个“八子”的封号，这就是我们今天称芈月为“芈八子”的由来。

虽说一开始并未受到重视，但楚女多情，加上芈八子风姿绰约、又个性十足，这妥妥的“御姐”范儿很快就让秦君嬴驷着了迷。仅仅一年之后，芈八子就为嬴驷生下了长女嬴氏。到了公元前325年的时候，二十岁的芈八子又为嬴驷生下了儿子嬴稷。就在同一年，接连破魏、不断取胜的秦君嬴驷效仿山东六国的做法，自称为王，就是秦惠文王。

此后芈八子愈加受宠，她很快又为秦惠文王生下了两个儿子——嬴芾和嬴悝。与此同时，心思颇深的芈八子仗着自己的荣宠，一步步将自己的亲朋好友都安排在秦国政权的高层，构建了以她为首的庞大的权力关系网。

到了公元前311年，四十六岁的秦惠文王去世，随之即位的是他与正妻秦惠文后所生的嫡子嬴荡，就是秦武王。秦惠文后早就对芈八子看不顺眼了，所以秦惠文王一死，她立马就和自己的儿子秦武王合谋，将芈八子的儿子嬴稷打发到燕国去做了人质。而当时芈八子没了靠山，也只能眼睁睁地看着儿子远走他乡。

然而这位秦武王着实太不靠谱儿，这哥们儿身高体壮，一身的腱子肉，有事儿没事儿就喜欢跟人比试力气。结果即位仅仅四年，即公元前307年，力大无比的秦武王在举“龙文赤鼎”时不幸折断胫骨，不久后气绝身亡。

由于秦武王死的时候没有留下子嗣，他这一死，就让芈八子和她的儿子嬴稷找到了出头的机会。当时芈八子与他的弟弟魏冉秘密商议，火速迎回了在燕国做人质的儿子嬴稷，同时她联合军界大佬樗（chū）里疾等人，拥立自己的儿子嬴稷为王，这就是秦国历史上著名的一代雄君——秦昭襄王。

由于当时嬴稷刚刚十九岁，还未行冠礼，不能亲政。于是芈八子走上前台，亲自执掌朝局，并自号“宣太后”，由此中国历史上的第一个太后正式出场。

面对这种突然的状况，死了儿子的秦惠文后也不甘示弱，她旋即也拥立公子壮为王，史称“季君”，与宣太后拥立的嬴稷争夺王权，秦国由此爆发了长达三年的王权争夺战。在这场内战中，宣太后以她的聪明才智和权谋手段迅速赢得了主动权，最终在弟弟魏冉的铁腕和军界大佬樗里疾的支持下，秦国的这场内战终被结束，失败的季君、秦惠文后以及跟随季君的一众大臣尽被诛杀、不留活口。不仅如此，就连当年秦惠文王其他妃子所生的儿子，均被心狠手辣的宣太后处死。而史书也毫不留情地将失败的季君称作乱臣贼子，这场秦国的王权争夺战最终被定性为“季君之乱”。

这场内战让秦国的元气大伤，对外扩张的势头也戛然而止，此后的秦国由秦宣太后摄政。在宣太后摄政的早期，秦国刚刚经历内乱。于是东方诸国趁机搞起合纵，虎视眈眈准备对付秦国，可以说当时的秦国面临着很大的危机。

与此同时，在秦国的后方，还有一股极大的势力——义渠国。义渠国的范围主要在今天的甘肃、陕西和宁夏一带，它并不是一个单一的民族，而是由众多名称不同、风俗各异的游牧民族融合发展而来的一个方国。在秦国的发展史上，老秦人和义渠国打了几百年，但始终未能彻底消灭义渠。义渠国时降时叛，给秦国的后方造成了巨大的威胁。

到了公元前304年，宣太后疲于应付东方诸国的战争，为了获取稳固的大后方，她与弟弟魏冉商议，决定让义渠国国王来朝觐见，商谈两国联盟修好的相关事宜。此时恰逢秦昭襄王嬴稷行加冠之礼，义渠国国王来到秦国，他见宣太后虽早为人母，却依旧美艳绝伦、风姿绰约，于是很快就拜倒在宣太后的石榴裙下。

俗话说：英雄难过美人关。粗犷的西北汉子义渠王从此醉卧在宣太后的温柔乡里不能自拔，而宣太后也用她的美色将义渠王开疆拓土的雄心壮志一点点地消磨殆尽。从此，秦国的后方无忧。

趁此良机，大秦锐士四处征伐，整个中原的局势随之发生了巨大的变化。

到了公元前272年，经过将近三十年的发展，秦国已经成为战国之中非常强大的国家，而此时的义渠国已然日益衰落，宣太后的目的似乎达到了。于是，她在温柔乡里突然发难，亲手扼杀了持续三十年的感情，将义渠王杀死于甘泉宫中，并杀死了和义渠王所生的两个儿子。

随后，秦军的铁骑横扫义渠国，义渠国很快灭亡。由此，秦国历时三百多年，终于将强大的西戎义渠国灭亡于宣太后的销魂帐。而此后的秦国再也不受来自西边的困扰，它放心地一路东进，直到后来秦始皇一统天下。

公元前265年十月，控制秦国朝堂接近四十年的宣太后病逝，她死后就被埋葬于骊山脚下的秦东陵。后人提及宣太后，必然会想到她近乎残忍的杀伐果断和混乱的私生活，然而如宣太后这般人，身处波云诡谲的宫廷之内、征伐频频的大争之世，她的杀伐果断恰恰是她生存的基础。

她或许私德不佳，然而正是她用一生的风流换来了大秦帝国的崛起。她也许会愧对自己的丈夫，可她却无愧于自己的国家。正是这个传奇的女人，在中国的史册上留下了至今为人津津乐道的篇章。

人物小传

芈月（前344—前265），又称芈八子，秦宣太后，楚国丹阳人，战国时期秦惠文王之妾，秦昭襄王之母，后成为秦国王太后。

十六岁时嫁给秦惠文王嬴驷，被封为“八子”，生一女三子。秦惠文王嫡子秦武王嬴荡死后，秦惠文后拥立庶长子嬴壮即位为王，而芈八子依靠弟弟魏冉等人举兵叛乱，另立自己的儿子嬴稷为王，继而诛杀秦惠文后、秦王嬴壮与其弟嬴雍。秦昭襄王嬴稷即位后，芈八子摄政，自号“宣太后”，重用亲戚组成“四贵”，开启了太后摄政与外戚专权的先河。摄政期间，宣太后拒绝伐楚救韩，但秦昭襄王不从，仍派兵救韩于楚。后与义渠王私通生子，并诱杀之，继而灭义渠国。

公元前266年，宣太后被秦昭襄王下令废黜，其任用的外戚“四贵”亦被全部驱逐至关外；次年，宣太后忧死，葬于芷阳骊山。

冯太后

推进民族融合的鲜卑太后

南北朝时期，公元452年二月甲寅日，统一了中国北方的北魏太武帝拓跋焘（tāo）被他宠信的宦官宗爱杀害，时年四十五岁。之后，宗爱乱政。同年，年仅十三岁的北魏文成帝拓跋濬（jùn）即位，他一举铲除了宦官宗爱及其党羽，北魏的朝局才又回归正常的秩序。

拓跋濬即位的两年多后，有一天他在宫内见到一位美貌的少女，那少女刚刚十三岁，只是一个卑微的宫女，但拓跋濬对她一见钟情，随后就封她做了贵人。一年之后，即公元456年正月，拓跋濬又直接册封她做了母仪天下的皇后。而这位幸运的小宫女就是后来为中华文明做出了巨大贡献、促进了胡汉民族大融合的北魏冯太后，史称北魏文明太后。

冯太后，出身汉族，祖籍长乐信都（今河北省衡水市），她的祖父冯弘是“五胡十六国”时期北燕的皇帝。公元436年，北魏灭了北燕，她的父亲冯朗投降了北魏，后来冯朗因为牵涉一桩大案被杀。受父亲的牵连，她小小年纪也被罚没入宫，成了北魏皇宫里一名卑微的小宫女，直到遇见了自己的真命天子——拓跋濬，她一步登天，成了北魏的皇后。由于她在历史上没有留下具体的名字，我们姑且称她为冯皇后。

冯皇后当时正值少女，但她生性聪慧，又深谙处事之道。在宫中，她对皇太后非常孝顺，也很善待宫人，所以上上下下的关系都处理得非常好。同时，她与北魏文成帝拓跋濬的感情也很好，两人非常恩爱。然而可惜的是，她并没有为文成帝生下一儿半女，但这也让她因祸得福，因为当时的北魏为了防止外戚专权，制定了“立子杀母”的制度。

公元456年，拓跋濬的长子，两岁的拓跋弘被立为了太子。按照惯例，太子拓跋弘的生母李夫人被赐死，而冯氏则以皇后之尊，受命抚养幼小的皇太子拓跋弘。然而到了公元465年六月，刚刚二十六岁的文成帝拓跋濬因病早逝，让正值青春年华，年仅二十四岁的皇后冯氏成了寡妇。

按照当时北魏的制度，皇帝去世，只要是他生前使用过的物品，都要焚毁。在焚烧文成帝拓跋濬的遗物时，悲痛欲绝的冯皇后竟直接冲向了火堆，意欲殉夫。这令在场的文武百官以及皇亲宗室都被惊呆了。等反应过来时，冯皇后已经冲进了火海。随后，大家手忙脚乱地将冯皇后救了出来，经过抢救，冯皇后保住了性命。至此，朝野上下都被冯皇后的痴情深深打动，也奠定了她在朝中的地位。

文成帝驾崩的第二天，刚刚十二岁的太子拓跋弘即位，就是北魏献文帝，而冯皇后则被尊为皇太后。由于献文帝拓跋弘年幼即位，朝政当时都被丞相乙浑把持，乙浑飞扬跋扈、排斥异己，致使皇权受到严重的威胁。对此危局，冯太后冷静观察朝中的局势，待一切准备妥当，果断出手，命亲信收捕了乙浑及其同党，并下令诛杀了乙浑的三族。

此后，冯太后以皇帝年幼，无法亲政为由，宣布临朝称制，亲自辅佐小皇帝拓跋弘掌控偌大的北魏帝国。

公元467年八月，献文帝拓跋弘的儿子拓跋宏出生。冯太后喜出望外，她决定不再临朝听政，放手让十四岁的献文帝拓跋弘亲政，而自己则专意培养皇孙拓跋宏。

由于冯太后年仅二十四岁就死了丈夫，年纪轻轻就成了寡妇，所以她常为自己招揽一些男宠，以排解宫中的寂寞。其中就有宿卫监李奕、工部尚书李冲、吏部尚书王睿等大臣。他们时常会被冯太后召进自己的寝宫，温存相伴。而这件事令献文帝十分不满，他认为这是秽乱宫闱，于是便罗织罪名处死了冯太后的男宠李奕等人，这让冯太后非常生气。

与此同时，年轻的献文帝拓跋弘很有自己的主见，他亲政之后，开始组建忠诚于自己的行政班底，这让权力欲极强的冯太后更是难以忍受。

公元471年八月，在冯太后施以的巨大压力下，献文帝拓跋弘将皇位禅让给不满五岁的儿子拓跋宏，自己移居崇光宫，成为太上皇。六年后，太上皇拓跋弘驾崩于平城永安殿。

拓跋弘去世的当月，冯太后再被尊为太皇太后。此时，北魏的皇帝——孝文帝拓跋宏刚刚十岁，尚未到亲政的年龄，于是冯太后宣布再度临朝称制。

此时的冯太后，虽然已是太皇太后，实际上她才刚过而立之年。然而，多年的临朝称制令她的才识、气度以及政治经验都已经非常成熟。面对拓跋弘去世后的混乱朝局，冯太后果断出手，恩威并施、打击贪腐、整肃朝纲，展现了非凡的政治智慧与治国才能。

但是，北魏王朝自建立以来就有个痼疾，就是胡汉之间的对立冲突一直比较严重，这种情况到了孝文帝时期已是愈演愈烈，北魏王朝已经到了危险的边缘。在这种情况下，公元485年，在冯太后的鼎力支持下，已经十九岁的孝文帝拓跋宏，开启了一场轰轰烈烈的汉化改革。由于这场改革发生在北魏太和年间，因此又把这场汉化改革称为“太和改制”。

太和改制的内容主要包括：首先，孝文帝在祖母冯太后的支持下颁布了农耕文明的法律——均田令。同时颁布了新的赋税制度，就是农民种地越多赋税越低，这就大大提高了农民的积极性。除此之外，孝文帝还修建了类似汉族帝王宣明教化的明堂，而他也经常在明堂会见群臣、祭祀祖先。

经过太和改制，北魏已经极为汉化，成为中原正统。

公元490年，为中华文明做出巨大贡献的冯太后去世，享年四十九岁。在为祖母冯太后守孝期满后，孝文帝独自启程，准备创造属于自己的辉煌。公元494年，北魏孝文帝以南征为名，宣布迁都洛阳。

迁都洛阳后，他让鲜卑贵族与汉族通婚，自己还带头与汉族高门通婚，形成血缘相通。其次，废除鲜卑语，所有的官员都学汉语。再次，不准穿鲜卑服装，必须穿汉服。而且，将一百多个鲜卑姓氏统统改为汉姓，就连拓跋皇族也改姓为元，孝文帝拓跋宏成为元宏。

由此，鲜卑拓跋彻底融入了中华文明，实现了中国历史上又一次的民族大融合。而正是因为鲜卑文化的融入，中华文明走向了雄气勃勃的强大。

此后，历经北魏、西魏、东魏、北周、北齐，历史走入了中华民族的强盛时代——隋唐，尤其是拥有鲜卑基因的李唐王朝，它开放、自信、包容，铸就了中华文明史的盛世华章，更是历代中国人心中永恒不灭的图腾与信仰。

冯太后去世的两百多年后，王维赞誉大唐的盛世气象，他说：

九天阊阖开宫殿，万国衣冠拜冕旒。

而这盛世的气象，都来自当年北魏冯太后和年轻的孝文帝所推行的汉化改革与民族大融合。所以，当我们陶醉于大唐的盛世华章时，一定不要忘记在一千多年前，为中华文明做出了巨大贡献的北魏冯太后。

人物小传

冯太后（442—490），长乐郡信都县（今河北省衡水市）人。南北朝时期北魏杰出的女性政治家、改革家。她出身北燕王室长乐冯氏，为辽西郡公冯朗之女。北燕灭亡后，没入太武帝拓跋焘掖庭，充为奴婢。太安二年（456），冯氏被册封为皇后。献文帝拓跋弘即位后，她被尊为皇太后。

当时鲜卑贵族乙浑专权，诛杀朝臣。冯氏密定大策，诛除乙浑，开始临朝听政。皇兴元年（467），献文帝拓跋弘之子拓跋宏出生，冯氏还政献文帝。黄兴五年（471）拓跋宏即位，冯氏被尊为太皇太后，再度临朝听政。自太和元年（477）起，开始改革吏治，巩固统治，增加国家收入。太和十四年（490），冯氏在平城病逝，谥号“文明太皇太后”，葬于永固陵，史称“文成文明皇后”。

冯氏为人聪明果决，又猜忍而长于权术，两度临朝称制，其支持的改革为孝文帝汉化改革及北魏迁都洛阳以后的繁荣富庶打下基础。

平阳公主

不爱红装爱武装

在我们的印象里，公主似乎都是千娇百媚的，她们拥有高贵的身份，是真正的金枝玉叶，应该“十指不沾阳春水”。但在隋唐之际，却有这样一位公主，她驰骋万里疆场，协助自己的父亲开创了令后世无限向往的盛世大唐，立下了男儿所不及的卓越功勋。

她就是唐高祖李渊的女儿、唐太宗李世民的同胞姐姐、“不爱红装爱武装”的平阳公主。

平阳公主是李渊与正妻窦氏所生的第三个女儿，隋朝时期，李渊凭借父亲的功勋，袭封了唐国公的爵位，因此这李家可谓是妥妥的豪门大族。作为李家的金枝玉叶，平阳本该针线女红、温婉娴雅。谁承想，她打小儿就喜欢和家中的兄弟们一起舞刀弄枪，妥妥的一个将门虎女。

长大后的平阳公主嫁给了出身将门的柴绍，婚后，小两口来到了长安定居。当时正是隋朝强盛的时期，在隋文帝的励精图治下，国家万象更新，一派欣欣向荣的气象。与其他的豪门贵妇一样，婚后的平阳公主过着相夫教子、富贵安然的优渥生活。

隋仁寿四年（604）七月，隋文帝去世。之后，隋炀帝即位。不久，隋炀帝开始大兴土木，短短几年间就发动了几个历史性的大工程，当时几乎全天下所有的劳动力都被征召为劳役，闹得老百姓苦不堪言、民怨沸腾。尤其到了后来，隋炀帝三征高句丽都以失败而告终，军士以及后勤劳役更是死伤惨重。到了隋朝末年，全国各地出现了频繁的反叛与暴动，不少地方豪强也纷纷割据，于是天下大乱。

平阳公主的父亲李渊和隋炀帝杨广是姨表亲，凭借这层关系，李渊本可以舒舒服服地做个大官安享富贵，但杨广生性多疑，对当时位居唐国公的李渊十分猜忌，他处处防备限制李渊，最后逼得李渊父子也不得不起兵造反。

隋大业十三年（617），身为太原留守的李渊在山西晋阳起事，一路向着长安进发。李渊在起兵之前想到自己的女儿平阳和女婿柴绍还在长安，于是派人前往长安想将女儿和家人接到山西晋阳。

然而，出人意料的是，平阳公主得知父亲将要起兵反隋时，并没有因为自己处于危境而感到恐惧，反而极力赞同夫君柴绍先行一步，自己则作为父亲的内应提前在关中一带进行活动。她对夫君柴绍说："我一个女人不会引起朝廷的注意，就算有什么事情发生，我也可以躲起来，你应该赶紧离开，去帮助我的父亲。"

等柴绍离开后，平阳公主女扮男装，返回地处鄠县（今陕西省西安市鄠邑区）的李氏庄园。随后，她变卖家产，赈济当地及周边的灾民与散兵，很快就拉起了一支千八百人的队伍。

为了能给父亲李渊起兵提供有力的支持，平阳公主到处奔走，联络和召集各地的反隋势力以及散兵游勇。其中最有名的，就是她安排家仆马三宝去游说周边势力最强的何潘仁，并顺利将何潘仁手下的几万人马收编在自己的麾下。此后，平阳公主又陆续收编了其他几支队伍，一时之间，她的队伍兵强马壮。

与此同时，平阳公主为了减轻父亲李渊的压力，亲自率军主动与隋朝的军队展开战斗。面对平阳公主的猛烈攻击，隋军被打得节节败退，隋朝名将屈突通更是数次败于平阳之手。眼见形势大好，平阳公主更加振奋，她势如破竹，一连攻占了鄠县、武功、周至、始平等地，一路下来，她的旗下竟聚集了七万多的人马。

随着实力的增加，平阳公主的声望也在逐渐提升，这支威名远播的队伍，开始不断吸引其他义军前来投奔，成为隋朝难以面对的劲敌之一。

至此，原本不得已女扮男装的平阳公主索性恢复了女儿装扮，并公开以女性统领的身份率军作战。由于出类拔萃的军事组织能力和严明的军纪，平阳公主率领的军队备受各地的拥护和支持，她被百姓亲切地称为“李娘子”，而她所率领的军队，则被称为“娘子军”。

公元617年九月，李渊主力进军关中。平阳公主特意挑选出一万多精兵强将与兄弟李世民会师于渭河北岸。此时，眼见自己的女儿已经替他拿下了关中的大片地盘儿，李渊非常高兴，便派女婿柴绍去迎接平阳公主和她的娘子军。与妻子会师后，柴绍看到妻子率领的军队兵强马壮、军纪严明，不由得钦佩不已。

其实柴绍作为李渊的得力部将，实力自然也是不容小觑。但此时的平阳公主凭借自己的实力和军功已经可以做到与夫君平等职级。日常行军时，夫妻二人各自领军，都有各自的作战指挥所。

正所谓“夫妻同心，其利断金”。很快，在平阳公主和柴绍等将领的配合下，李渊在公元617年的冬天顺利攻克了长安。次年，李渊在长安称帝，国号“唐”。

不过，当时的天下尚未完全统一。尽管李渊基本控制了整个关中及中原一带，但周边各路势力虎视眈眈，都想取而代之。面对严峻的形势，李渊派次子李世民扫荡周边的残余势力。而为了防止李家在山西的根据地遭受偷袭，平阳公主带领数万娘子军，驻兵于苇泽关（今山西省平定县与河北省井陉县交界处）。也因为如此，后来，苇泽关这个地方就被人们改称为“娘子关”。

在关隘驻军期间，她率领的娘子军枕戈待旦、悉心操练，从未给敌人一丝可乘之机。在平阳公主严密的防守下，各方势力始终没能入侵李家在山西的根据地，免去了李渊的后顾之忧。

大唐建国五年后，即公元623年二月初，平阳公主因病去世，在如何安葬平阳公主的问题上，朝堂之上曾有过一番争论。唐高祖李渊提议以军礼形式举殡，俗称“军葬”。朝廷的礼官为难地说：“妇道人家下葬用鼓吹，恐怕于礼不合。”

李渊龙颜不悦，情绪激动地说：“鼓吹就是军乐。公主生前亲临战阵、鸣金擂鼓、谋划军务，岂是寻常女子可比！以军礼来葬又有何不妥？”唐高祖这般发了话，礼官也无法反驳。

随后，朝廷破例以高级将领才配享有的军礼形式为平阳公主举行了军葬，李渊还赐平阳公主谥号为“昭”，来彰显女儿生前的显赫功绩。就这样，平阳公主不仅是中国历史上唯一一位以军礼下葬的女子，也成了古代第一个拥有谥号的公主。正所谓：

不让须眉，独树一帜招兵马。

数万红颜，娘子军威天下闻。

人物小传

平阳公主（？—623），名字不详，陇西狄道（今甘肃省临洮县）人。唐朝公主，唐高祖李渊第三女，母为太穆皇后窦氏。

平阳公主才识胆略过人，早年嫁给千牛备身柴绍。大业末年，为了策应晋阳起兵，聚拢关中豪杰，发动司竹起兵，统领娘子军建功立业，挑选精兵与李世民会师于渭河北岸，共同攻破长安。唐朝建立后，册封平阳公主。之后，平阳公主率兵驻守山西苇泽关，因平阳公主带领数万娘子军驻守于此，由此这里更名为娘子关。

武德六年（623），平阳公主去世，谥号为“昭”，她是中国古代第一位死后被赐予谥号的公主，也是中国历史上唯一采用军礼殡葬的女性。

上官婉儿

唐朝唯一的“巾帼宰相”

2013年，西安空港新城发现了一座唐代古墓，考古人员通过古墓中的墓志铭判定，这座古墓的主人是中国历史上最有权势的女官，也是大唐的才女、诗人、政治家——上官婉儿。

上官婉儿在女皇武则天和唐中宗李显当政的时期备受宠信，甚至参与国政，拟定诏命，拥有一人之下、万人之上的煊赫权势。她还被封为正二品的“昭容”，位居后宫的九嫔之一。

然而，当考古人员在进入她的墓室时，却发现这座古墓被人为地毁坏过。

那么，上官婉儿究竟经历了怎样的人生？她的墓又是被谁毁坏的呢？

在上官婉儿的墓志上，阴刻有九百八十二个字的墓志铭，详细讲述了她极不平凡的一生。

根据墓志铭中的记载，再结合史料，上官婉儿出生于公元664年，是陇西上邽（今甘肃省天水市）人，她的爷爷上官仪是初唐时期著名的诗人，曾经官至宰相。他的父亲上官庭芝，也是高宗朝的大臣，专门负责起草诏令。然而就在上官婉儿出生的那一年，她的家族却遭受了一场灭顶之灾。她的爷爷上官仪因为替高宗李治起草废黜皇后武则天的诏书，而被武则天忌恨。当年年底，上官婉儿的爷爷和父亲都被处死，而她和母亲郑氏也被没入掖庭，做了最卑微的奴婢。

身为一个奴婢，上官婉儿童年的所有记忆，就是劳累和委屈，忙完了宫廷的杂役，她还要被母亲逼着读书写字。但上官婉儿不想读书，她觉得自己既然身为奴婢，那么读书又有什么用呢？然而母亲却对她说：“婉儿，你将来是要做称量天下的人物的。”

母亲之所以会这样说，是因为在《新唐书》和《旧唐书》里都记载了一个颇为传奇的故事。据说，上官婉儿的母亲郑氏在怀她的时候曾经做了一个梦，她梦见一个巨人递给她一杆秤，并说：“持此称量天下士。”郑氏醒来后，她认定腹中的胎儿应该是男孩，将来必成大器，谁料想，一朝分娩，却是一个女婴。虽然有些失望，但郑氏始终认为自己的女儿将来一定会有所作为，因此虽然被罚没宫中为奴，但郑氏坚持教育上官婉儿，并精心培养。上官婉儿也很聪慧，她熟读诗书，不仅能吟诗作文，而且对法律文书也颇为在行，当时她在宫内被大家认为是小才女。

根据墓志铭的记载，上官婉儿“年十三为才人”，是谁的才人呢？当时正是唐高宗当政的时期，因此她显然是做了唐高宗李治的才人。那又是怎样的机缘让她成为高宗李治的才人呢？史料记载，在上官婉儿十三岁时，她因为颇有才气而被武则天召见。当时，武则天让她写一篇命题作文，上官婉儿文不加点，瞬间写就一篇美文。武则天读罢，心情大好。

说起来，武则天虽然强势专权，但她很爱才，而且气度宏大，尽管上官婉儿的爷爷曾经得罪了她，她依旧不计前嫌，要起用这个颇具才气的小姑娘。为了给上官婉儿一个名分，武则天让她做了高宗李治的才人，负责掌管宫中的诏命。实际上在那个时候，高宗李治已经到了晚年，而且病体沉重，他不可能真正去宠幸婉儿，因此武则天才放心地让婉儿做了高宗的才人。

打那儿以后，上官婉儿随侍在武则天的身边，渐渐成为朝中的红人。

公元690年，武则天代唐称帝，建立武周。当时，武则天称帝的诏书就是由上官婉儿亲笔起草的。讽刺的是，当年上官婉儿的爷爷上官仪因为起草废黜武后的诏书而身死魂灭，如今他的孙女却因为起草武后称帝的诏书而飞黄腾达。

在别人的眼里，上官婉儿似乎是女皇武则天最信任的人，但只有她心里明白，自己不过是女皇豢养的一只金丝雀罢了。有一次，因为一件小事，她不小心触怒了武则天。愤恨之下，武则天抓起一把小刀刺向婉儿的额头，鲜血直流。更狠的是，武则天还不允许她拔刀。

当时，上官婉儿跪在地上，一边忍着疼痛，一边含泪谢恩，并作了一首《乞拔刀子诗》：

丽日煦皇庭，清风拂龙台。

分明眼前事，依稀梦飘来。

忽焉思散起，精移何神骇。

罪奴当万死，还乞龙颜开。

打那以后，上官婉儿的额头就留下了一道伤疤。为了遮瑕，婉儿在伤疤处特意刺了一朵红色的梅花，久而久之，宫人们都在额头刺上梅花，被誉为“梅花妆”。然而，别的女人刺梅花，是为了争美斗艳，而上官婉儿刺梅花却是因为太多的无奈，是为了遮丑而已。

公元705年，神龙政变爆发。武则天失去了权力，随后唐中宗李显复位，于是上官婉儿又依附于中宗李显，中宗命上官婉儿掌管起草诏令，还将上官婉儿封为昭容。同年年底，武则天去世，而上官婉儿的地位却更加如日中天，中宗对她宠爱纵容，上官婉儿甚至在宫外建起府邸，蓄养了许多男宠，好不逍遥快活。

根据史书记载，上官婉儿在中宗李显复位后，便成了韦皇后的人。实际上并非如此，从上官婉儿的墓志铭来看，她曾经强烈反对韦皇后的女儿安乐公主当“皇太女”。然而无脑的韦后竟然伙同安乐公主毒死了自己的夫君——唐中宗李显，韦后还想效仿自己的婆婆武则天称帝，最终被李隆基一举剿灭。李隆基在诛杀了韦皇后及其余党后，也没有放过上官婉儿，一代才女就这样丧命于残酷的政治风浪中。

上官婉儿虽然被杀，但朝廷对她的认定与韦后、安乐公主完全不同，她的墓志铭是以唐睿宗的名义篆刻的，还说她“懿淑天资、贤明神助”，并且给她加了“惠文”的谥号，要知道在唐代，只有皇后和几位公主才获得过如此的哀荣。

墓志铭上记载“太平公主哀伤，赙赠绢五百匹，遣使吊祭，词旨绸缪”，说明上官婉儿与太平公主有深厚的感情。然而，正是因为她与太平公主的感情深厚，她的墓室后来才被毁。因为在唐睿宗时期，太平公主成为李隆基最大的政治对手。后来，太平公主因为谋反被李隆基逼迫自杀，而李隆基迁怒与太平公主关系深厚的所有人，包括已经死去的上官婉儿，于是下令捣毁了上官婉儿的墓。

如今，上官婉儿的墓志被存放于陕西考古博物馆中，当你去看那墓志上阴刻的铭文，也许那不仅仅是文字，更是一代才女的血泪华年。

人物小传

上官婉儿（664—710），墓志铭中称是陇西上邽（今甘肃省天水市；一说陕州陕县，即河南省三门峡市陕州区）人。唐宰相上官仪的孙女，大臣上官庭芝之女，唐朝女官、诗人。

上官婉儿早年受累于祖父上官仪获罪，随母没入掖庭。因聪慧善文，得到武则天重用，担任内舍人，通晓文词、明习吏事，常代草拟诏书。圣历以后，百官表奏，多令参决。中宗即位，晋升为婕妤，专掌制命，进拜昭容。曾劝中宗广置昭文学士，盛引当朝词臣，品评天下诗文，成为当时宫廷文学的代表。后与武三思联结，颇擅权术。唐隆元年（710），临淄王李隆基起兵发动唐隆政变时，上官婉儿为乱兵所杀。上官婉儿天性韶警，在政治上的作为历来褒贬不一。擅长诗文，所作词甚绮丽，时人讽诵。有《上官昭容集》二十卷，张说为之序，惜诗集已佚，仅余零篇。

李清照

半世甜蜜，半世忧伤

大明湖畔，趵突泉边，故居在垂杨深处。

漱玉集中，金石录里，文采有后主遗风。

这是一副由郭沫若题写的对联，说的正是南宋婉约派的代表词人——李清照。

作为千古第一才女，李清照的词写的是千般雅致、万种柔情，所以许多人认为李清照应该是一个温婉的南方女子，殊不知，她是一位出生在大明湖畔的山东女孩。

说起李清照，诗词写得相当优秀；有才也就罢了，容貌更是出众；长得出众也就罢了，论家世、论背景，那更是相当不简单。她的亲戚随便拎出来一个，都能让时人称羡不已。她的外公是宋哲宗时期的宰相王圭，她的公公是徽宗时期的宰相赵挺之，表姐夫则是与赵挺之同朝的宰相蔡京，表妹夫是权倾朝野的奸相秦桧，小叔子张择端更创作了传世名画《清明上河图》。此外，她还有一个远房亲戚，就是家喻户晓的王安石。凭借这样的家世背景，再加上她颜值很高而且聪慧有才，李清照可谓是妥妥的“国民女神”。

李清照从小在山东济南老家长大，她的父亲李格非曾经是苏轼的学生，在北宋的京城汴京（今河南省开封市）做官，后来官至礼部员外郎。到了李清照十六岁那年，她和弟弟李迒从济南来到了京城，与父亲团聚。那段时间，李清照经常在繁华的汴京游船观景、饮酒赏花，她曾填有一阕《如梦令》，以怀念那段美好的时光：

常记溪亭日暮，沉醉不知归路。

兴尽晚回舟，误入藕花深处。

争渡，争渡，惊起一滩鸥鹭。

十七岁那年的元宵佳节，李清照去相国寺赏灯。当时她的堂哥正好和一位俊俏才子也在相国寺游玩，那才子正是时任吏部侍郎赵挺之的公子赵明诚。赵明诚很早就得知李家出了一位才女，一直无缘相见，谁想竟能偶遇在相国寺中。他见李清照姿容雅丽，心中不免动情。而李清照见到这位俊俏的赵公子，也不禁春心萌动。就这样，才子佳人一见钟情，就种下了金玉良缘的种子。

赵明诚回家后，第一件事就是托父亲去向李家求亲。很快，他就跟着媒人叩开了李家的大门。当时，正在秋千上看书的李清照，一眼瞅见上门求亲的赵公子，她羞涩得连忙跳下秋千，跑进屋子，慌乱中还把鞋子跑掉了，头上的金钗也遗落了。但她又舍不得赵公子，于是便倚着门扉，假装去嗅树上的青梅，实则却是在偷偷看自己的情郎，于是就有了这首《点绛唇》：

蹴罢秋千，起来慵整纤纤手。露浓花瘦，薄汗轻衣透。

见客入来，袜刬金钗溜。和羞走，倚门回首，却把青梅嗅。

就这样，在两人相见的第二年，十八岁的李清照嫁给了二十一岁的赵明诚，两人门当户对、意趣相投，又是新婚燕尔，说不尽的蜜意柔情。当时，李清照向丈夫赵明诚撒娇：“你说说，是我好看，还是花好看？”

卖花担上，买得一枝春欲放。泪染轻匀，犹带彤霞晓露痕。

怕郎猜道，奴面不如花面好。云鬓斜簪，徒要教郎比并看。

这首充满情趣的《减字木兰花》透出了李清照婚后的甜蜜和幸福。

然而世事无常，宋徽宗年间朝堂之上党争不断，李清照的父亲李格非与公公赵挺之也不可避免地被卷入了党争，他们或是被贬官，或是被调任外地，连累李清照与赵明诚这一对小夫妻也是聚少离多。到后来，汴京待不下去了，李清照便跟随丈夫去了青州（今山东省青州市），他们远离京城，以躲避喧嚣杂乱的政治纷争。

在青州，李清照取陶渊明《归去来兮辞》的“归来”二字，为自己的居室取名为“归来堂”，并且自号“易安居士”。远离了朝堂的喧嚣，李清照和赵明诚在青州的生活平静而且安宁。一晃十多年，日子虽然清淡，但他们研究文学，搜寻金石古籍，一同撰写《金石录》，那段时间可以说是李清照一生中难得的和美岁月。

宣和三年（1121），赵明诚被调任为莱州（今山东省烟台市西部）知府。不久后，李清照也到了莱州与丈夫相聚。然而人生如寄，随着赵明诚被不断调任，李清照又陪伴丈夫陆续去到不同的地方生活，那是一段虽然漂泊，但还算岁月静好的时光。

然而，岁月静好的日子很快就被金军的铁蹄声声踏碎。靖康二年（1127），金兵大举南侵，不久后，靖康之变爆发，北宋灭亡。同年，康王赵构在应天府（今河南省商丘市）登基，南宋开启。这一年，李清照已经四十四岁了。

靖康之变的次年春天，赵明诚的母亲病逝，于是李清照又跟随丈夫南下奔丧。几个月后，丈夫受任为江宁知府兼江东经制副使。然而，就在1129年二月，身为江宁知府的赵明诚面对金兵的进逼，竟然选择了弃城而逃。

丈夫的怯懦和南宋朝廷的无能让李清照感到万分失望，当他们乘船途经乌江——当年楚霸王项羽自杀的地方时，李清照心中涌起了万千感慨，于是写下了这首饱含悲愤的《夏日绝句》：

生当作人杰，死亦为鬼雄。

至今思项羽，不肯过江东。

赵明诚明白妻子的心意，他感到无比羞愧。之后，他在赶往湖州的赴任途中，不慎染疾，于当年的八月十八日病死于建康。

尽管李清照对丈夫的所作所为非常失望，但毕竟两个人相濡以沫生活了半辈子，赵明诚的去世，让人到中年的李清照悲痛万分，大病一场。面对国家破败，丈夫亡故，李清照的心中无尽悲凉。

此后的她孤身一人，在江南之地四处漂泊。一路的颠沛流离，也让她当年与丈夫苦心收藏的金石古籍散失大半，这更让她痛心不已。

绍兴二年（1132），李清照来到了杭州。在这里，孤独无依的李清照遇到了任职承务郎的小吏张汝舟。张汝舟是个充满心机的市侩小人，他对李清照大献殷勤，经过一番连哄带骗，最终让李清照嫁给了自己。

结婚之后，李清照才看清了张汝舟的龌龊嘴脸，原来他是贪图李清照收藏的金石文物才追求李清照的，这令李清照非常失望和痛苦。后来，未能如愿的张汝舟经常对李清照拳脚相加。于是，不堪忍受的李清照最终决定离婚。

恰巧，身为承务郎的张汝舟平日一些营私舞弊等不为人知的勾当被李清照发现了，于是她只身前往衙门去告发张汝舟，并提出与他离婚。结果，李清照如愿以偿，离了婚，又重新获得了自由。但根据当时的法律，妻子状告丈夫也要坐牢，因此李清照也被关进了监狱。

幸运的是，在翰林学士綦崇礼等亲友的极力营救下，李清照在被囚禁九天之后获得释放。

国事衰败、人生无望，晚年时，李清照写下了她人生中最好的一阕词《声声慢》：

寻寻觅觅，冷冷清清，凄凄惨惨戚戚。乍暖还寒时候，最难将息。三杯两盏淡酒，怎敌他、晚来风急！雁过也，正伤心，却是旧时相识。

满地黄花堆积，憔悴损，如今有谁堪摘？守着窗儿，独自怎生得黑！梧桐更兼细雨，到黄昏、点点滴滴。这次第，怎一个愁字了得！

绍兴二十五年（1155），飘零半生的李清照在无尽的落寞中闭上了双眼，离开了这个曾带给她许多欢笑，也带给她太多失望的世界。

她的一生绚烂温婉又大气悲凉，她人生的上半场充满了令人羡慕的甜蜜与幸福，下半场却又伴随着无尽的漂泊与凄凉。正所谓：

风住尘香花已尽，日晚倦梳头。物是人非事事休，欲语泪先流。

闻说双溪春尚好，也拟泛轻舟。只恐双溪舴艋舟，载不动、许多愁。

人物小传

李清照（1084—1155），号易安居士，齐州章丘（今山东省济南市章丘区）人。宋代女词人，婉约词派代表。其传世作品有《李易安集》《易安居士文集》《易安词》，已散佚。后人辑有《漱玉集》《漱玉词》等。

李清照出身于书香门第，早期生活优裕，其父李格非藏书甚富。她小时候就在良好的家庭环境中打下文学基础，出嫁后与丈夫赵明诚共同致力于书画金石的搜集整理。金兵入据中原时，流寓南方两浙一带，境遇孤苦。后孤独无依中，再嫁张汝舟，遇人不淑，金石字画被夺。随后李清照报官告发张汝舟，要求离婚，身陷牢狱，不久受亲友营救而出狱。晚年孤苦凄凉，以诗词寄托，于绍兴二十五年（1155）去世。李清照词学为宋代第一，并与魏夫人、朱淑真并列为“宋代三大才女”。

孝庄太后

改变大清命运的女人

在中国古代，曾有来自同一个家族的三个女人，她们居然都成为同一个皇帝的嫔妃：一个是另两个女人的姑妈，成为统摄后宫的皇后；一个是姐姐，俘获了皇帝的圣心；最小的妹妹虽然不太受宠，却掌控了皇帝留下的万里江山。她们就是清朝初年蒙古科尔沁贝勒、宰桑博尔济吉特家族的三位女性，姑妈哲哲、姐姐海兰珠和妹妹布木布泰，而她们一同服侍的皇帝就是清太宗爱新觉罗·皇太极。

在当时，由于姑妈哲哲和姐姐海兰珠的存在，年龄最小的妹妹布木布泰在皇太极还活着的时候，存在感一直不高。但就是这个并不受宠的女人，却凭借自己的魄力与才干，最终掌握了大清的万里江山，成为中国历史上著名的贤后，她就是清朝初年杰出的女政治家孝庄皇太后。

孝庄皇太后出生在漠北草原上最显赫的家族，“孝庄”是她的谥号，她的名字叫布木布泰，蒙语的意思是“天降贵人”。作为博尔济吉特·布和最小的女儿，她自然就成了父亲的掌上明珠。但就是这样一个金枝玉叶，小的时候没有什么别的爱好，只是喜欢读书。

公元1625年，年仅十三岁的布木布泰嫁给了后金大汗努尔哈赤的第八子、当时已经三十四岁的皇太极。不过，在皇太极看来，这时的布木布泰略显青涩，所以她并不十分受宠。

到了公元1636年，称霸草原的皇太极在盛京（今辽宁省沈阳市）称帝，定国号为“清”。同时，他册封了五宫后妃，时称“五大福晋”：

其中姑妈哲哲被封为皇后，位居中宫；姐姐海兰珠被封为宸妃，位居东宫（非太子所在的东宫）；布木布泰由于不太受宠，所以排在五宫后妃之末，位居次西宫，赐号庄妃。

公元1637年，姐姐海兰珠为皇太极生下了八皇子。作为皇太极称帝后第一位五宫后妃之子，按照规制，八皇子就是未来的储君。然而可惜的是，这个备受娇宠的皇子不到一岁就夭折了。次年，庄妃布木布泰也诞下一位皇子，即九皇子福临。此时，福临也就成了皇太极称帝后最年长的嫡子。

姐姐海兰珠由于接受不了丧子之痛，四年后郁郁而终。几年之间皇子夭折、宠妃病逝，皇太极也因此而一蹶不振，两年后猝死于盛京后宫。因为皇太极在死之前没有确立皇储，因此一时之间，大清的朝局就陷入了动荡。

皇太极驾崩之前，本来最有希望承袭皇位的八皇子早已夭折，此时庄妃所生的九皇子福临也就成了身份最尊贵的皇子。但是，皇太极还有一个战功赫赫的长子豪格，豪格的母亲虽然身份不高，不在五宫后妃之列，但豪格屡建军功，又是皇长子，还得到了皇室宗亲的支持，所以豪格觉得自己承袭大统是胜券在握的。

但豪格也有一个强大的竞争对手，那就是皇太极的弟弟、和硕睿亲王多尔衮。多尔衮战功赫赫，还颇具才干，两白旗是他的坚强后盾，其他几旗中也有不少宗室在暗中支持多尔衮。

所以，一时之间，豪格和多尔衮两派人马就在崇政殿里为了皇位而争执不下。但多尔衮的身份限制了他的继位，因为他是皇太极的弟弟，并不符合父死子继的传统。而身为长子的豪格，也有一个缺憾，那就是他的母妃出身并不高贵。

于是，作为五宫后妃的庄妃布木布泰就游走于两方之间，并获得了多尔衮的支持，最终拥立自己的儿子——九皇子福临继位，就是顺治帝。

到了顺治八年（1651），庄妃被正式册封为皇太后，就是清朝历史上著名的孝庄皇太后。

历史上一直有一个疑问：对皇位虎视眈眈的多尔衮为何会突然放弃，并且推举福临继位呢？大家纷纷猜测：是孝庄为了让自己儿子上位不得已下嫁了多尔衮。甚至，有些人还搜集了一系列形形色色的证据，比如，有人就翻出了明朝遗臣张煌言的一首诗，声称这首诗的内容正是影射孝庄太后下嫁之事：

上寿觞为合卺尊，慈宁宫里烂盈门。

春官昨进新仪注，大礼躬逢太后婚。

然而，这毕竟是野史，在真实的历史上，孝庄太后到底有没有下嫁多尔衮，史料中并没有确凿的证据。随着顺治帝慢慢长大，功高盖主的摄政王多尔衮已经对顺治帝的皇权产生了严重的威胁。就在顺治帝与多尔衮的冲突一触即发之时，一件谁也料想不到的事情发生了。公元1650年腊月，多尔衮在河北滦平境内的喀喇城（今河北省承德市滦河镇）暴病身亡，年仅三十九岁。多尔衮一死，十三岁的顺治帝得以亲政。很快，顺治帝就以谋篡大位等罪，剥夺了多尔衮生前的一切官爵和奖赏，还对多尔衮的党羽进行了大清洗。

与此同时，孝庄太后为了防止另一位摄政王济尔哈朗伺机干政，她让顺治发布上谕，宣布此后一切奏章必须由皇帝亲览，不必再经摄政王之手。由此，在母亲孝庄皇太后的支持下，顺治帝牢牢掌握住了大清帝国的至高权力。

很快，顺治就到了情窦初开的年纪，而孝庄太后亲自给他挑选的蒙古族皇后并不符合他的心意，随后被他废掉。于是孝庄只好又另选了一位蒙古族姑娘进宫做皇后，但顺治仍然不喜欢。当时顺治倾心的是董鄂妃，董鄂妃是满洲正白旗大臣鄂硕之女。为了赢得董鄂妃的芳心，顺治打算再次废掉母亲孝庄太后为他选的蒙古族皇后，改立董鄂妃为后。但孝庄太后极力阻止，她认为如果再次废掉蒙古族的皇后会影响满蒙关系。为了废后的事情，孝庄和顺治这对母子之间出现了隔阂，甚至双方的关系一度十分紧张。

就在这段时间，董鄂妃为顺治帝诞下了一个皇子。顺治帝别提多高兴了，还打算以此子来获得母亲对他改立皇后的支持。可惜，这个皇子命薄，不到半岁就夭折了，丧子之痛让董鄂妃郁郁成疾，三年后病逝。董鄂妃的死对顺治造成了极大的打击，她死后的第二年，顺治帝也患病身亡，年仅二十四岁。

这一年，孝庄太后已经四十八岁了，儿子与她的疏远让她伤了心，随之而来的丧子之痛更是让她肝肠寸断。不过，另外一件事倒让孝庄太后有些欣慰。在德国传教士汤若望的建议下，顺治临终前在遗诏中册立了三皇子玄烨为太子。看着当时八岁的孙子玄烨聪明好学而又孝顺恭谨，孝庄太后的内心总算有了一个温暖的依靠。

公元1661年正月，也就是顺治皇帝驾崩的几天后，年幼的玄烨继位，是为康熙帝。为了防止重蹈多尔衮的覆辙，顺治临终前特意避开皇室亲王，另外指派了四位顾命大臣——索尼、苏克萨哈、遏必隆、鳌拜来辅佐小皇帝。

相传，当时有个安徽秀才来京向孝庄太后建议，希望由她垂帘听政，稳定朝局。可惜孝庄太后并没有答应，她深知，如果这个先河一开，或许会贻害后代。孝庄太后坚持由四位大臣辅政，她则全力培养自己这个年幼的孙子。

康熙登基时只有八岁，孝庄怕康熙和顺治一样对轻松到手的皇位不珍惜，所以她要教会康熙成为真正的皇帝。而成为皇帝的第一课，她已经为康熙准备好了。

孝庄太后深知刚刚即位的康熙，不可避免地要面对四位辅政大臣的掣肘与束缚。索尼作为四朝元老，是个老油条，一般他总会退到后面不出头。遏必隆原先就老被排挤，胆子也小，处处怕得罪人，经常首鼠两端，属于墙头草。苏克萨哈身上有不少的政治污点，早年间受多尔衮器重，但当多尔衮事发的时候，他立马划清界线，把自己保了下来，总归是有案底的。鳌拜作为辅政大臣排在最后，让他做辅政大臣，实际上是顺治专门派他来监视其他三个人的。

可以说，这四个人是顺治留给康熙皇帝的难题，而解决鳌拜，则是孝庄太后给康熙皇帝准备的第一课。鳌拜这个人对顺治和康熙两位皇帝还算忠心耿耿，他年轻的时候是皇太极的家将，和皇太极一脉特别亲，但他和多尔衮结过梁子，这梁子还不小。多尔衮三次要杀鳌拜，刀都磨好、架脖子上了，都被顺治帝阻止了。所以，鳌拜算得上是顺治的铁杆大臣。

但鳌拜有点“缺心眼”，豪格和多尔衮在崇政殿里争位的时候，鳌拜掏出刀子要跟多尔衮比划，这才和多尔衮结下了梁子。孝庄把鳌拜从里到外看得清清楚楚，康熙要想成长，第一课就是要除掉这个五大三粗的莽汉来立威。

为什么一定要除掉鳌拜呢？首先是鳌拜威高震主，他的权力已经威胁到了皇帝。再者，鳌拜和苏克萨哈两个人天天掐架，不是明争就是暗斗，两个大臣冲突势必会影响内部和谐。最后，鳌拜这个人横行霸道，惹得人人不满，却又都是敢怒而不敢言。正因如此，康熙除掉他可谓师出有名。

等鳌拜膨胀到一定程度，孝庄太后把康熙叫来说：“猎人有捕虎的胆量，是因为猎人小时候靠亲手宰杀家里忠诚的猎狗来练胆子。”孝庄接着说明，鳌拜就是那只猎狗，是康熙成长的阻碍，只有除掉鳌拜，才能真正执掌大清的朝局。

打这儿之后，康熙天天都在想着如何除掉鳌拜。他在宫内安排了一堆少年侍卫，天天不务正业，就是摔跤、打架、胡闹，就这样，康熙成功地麻痹了鳌拜的防备之心，最后一举拿下了权臣鳌拜。

鳌拜除掉了，孝庄太后给康熙皇帝上的第一课也宣告成功，可对于康熙来说，这只是他做皇帝迈出的第一步。

康熙十二年（1673），清王朝面临一次极大的危机。因为康熙帝仓促撤藩，激得时任平西亲王的吴三桂在西南举起了反旗。与年轻气盛的康熙皇帝不同，当时孝庄太后觉得削三藩宜缓不宜急，并且她多次告诫康熙：这事最好等吴三桂死了之后再去处理。原因有三点：一是历史上削藩的结果难以预料；二是康熙年轻，没经验；三是孝庄太后从皇太极时期到现在，对这三个藩王的实力清楚得很。再者说吴三桂年纪大了，也活不了几天了，所以孝庄告诫康熙皇帝不要太急，奈何康熙不听。当然康熙也没错，大清的税赋被三藩耗去了大半，吴三桂还狂得不行，所以康熙皇帝一天也忍不了。

公元1673年，康熙皇帝下达了削藩的诏令。

不过历史证明，孝庄说得对，吴三桂的军队兵强马壮，而且他还联合南方的另外两位藩王——广东的平南王尚可喜、福建的靖南王耿精忠，一同举起了造反的大旗，而由削藩引发的六省叛乱，甚至蔓延到了陕甘等北方地区，这就是清朝历史上著名的三藩之乱。

也是天助清朝，公元1678年，吴三桂在湖南衡州（今衡阳市）建国称帝没多久就病死了，从而让康熙有了回旋的余地，最终得以反败为胜，逐渐镇压了这场声势浩大的三藩之乱。

经历了剪除鳌拜、平定三藩的凶险历程，此时的康熙皇帝已经逐渐成熟，而孝庄却垂垂老矣。看到自己精心培养的康熙已经成长为一个优秀的帝王，她再也没有什么可以牵挂的了。

康熙二十六年（1688），孝庄太后去世。若干年以后，康熙不无怀念地说："设无祖母太皇太后，断不能有今日成立。"印光法师云："治国平天下之权，女人家操得一大半，盖以母教为本也。"意思是说，男人之所以能拥有崇高的理想与过人的胆识，往往源于一个家中母亲的殷殷教诲。

孝庄作为一位女性，一生辅佐、保护并培养了两代帝王。可以说，她既是慈爱稳重、感情至深的当家主母，又是才能卓越、深谋远虑的优秀女性政治家。

人物小传

孝庄太后（1613—1688），即孝庄文皇后，博尔济吉特氏，蒙古科尔沁部人，科尔沁贝勒博尔济吉特·布和之女，清太宗皇太极的妃嫔，本名布木布泰。

天命十年（1625），布木布泰嫁给后金汗努尔哈赤第八子皇太极，为侧福晋。崇德元年（1636），被册封为庄妃。其间生有三女一子。崇德八年（1643），皇太极驾崩，布木布泰之子福临即位，即顺治帝，她被尊为“圣母皇太后”。顺治八年（1651），上徽号为“昭圣皇太后”。顺治十八年（1661），康熙帝玄烨即位，尊祖母布木布泰为太皇太后。康熙二十六年（1688），布木布泰崩逝，葬于昭西陵。

孝庄太后一生培养、辅佐顺治、康熙两代皇帝，其政治主张对于清初政权的巩固、统一及强盛做出了重要的贡献。